In dieser Reihe sind
bisher erschienen:

Richtig Aerobic
Richtig Aikido
Richtig Ausdauertraining
Richtig Badminton
Richtig Basketball
Richtig Bergsteigen
Richtig Body-Styling
Richtig Carven
Richtig Fahrtensegeln
Richtig Fitness-Skating
Richtig Fußball
Richtig Golf
Richtig Golf länger und genauer
Richtig Golf rund ums Grün
Richtig Handball
Richtig Hanteltraining
Richtig Hochtouren
Richtig Inlineskaten
Richtig Jogging
Richtig Judo
Richtig Kanufahren
Richtig Karate
Richtig Marathon
Richtig Mountainbiken
Richtig Muskeltraining
Richtig Nordic Ski
Richtig Paragliding
Richtig Qi Gong
Richtig Reiten
Richtig Rennradfahren
Richtig Sanftes Krafttraining
Richtig Schwimmen
Richtig Segeln
Richtig Skitouren
Richtig Snowboarden
Richtig Sporternährung
Richtig Sportklettern
Richtig Stretching
Richtig Taekwondo
Richtig Tai-Bo
Richtig Tanzen Lateinamerikanische Tänze
Richtig Tanzen Modetänze
Richtig Tanzen Standardtänze
Richtig Tauchen
Richtig Tennis
Richtig Tennistraining
Richtig Tischtennis
Richtig Torwarttraining
Richtig Trainieren im Fitness-Studio
Richtig Triathlon
Richtig Volleyball
Richtig Walking
Richtig Yoga

RICHTIG

BLV SPORTPRAXIS TOP

Franz Wöllzenmüller
Ulrich Wenger

Nordic Ski

Cruising, Langlauf, Skating

blv

Bibliographische Information
Der Deutschen Bibliothek

Die Deutsche Bibliothek verzeichnet diese Publikation in der Deutschen Nationalbibliographie; detaillierte bibliographische Daten sind im Internet über http://dnb.ddb.de abrufbar.

Franz Wöllzenmüller, Jahrgang 1944, ist passionierter Ausdauersportler und Verfasser zahlreicher Bücher zu den Themen Skilanglauf, Laufen, Ausdauertraining und Gesundheitssport.

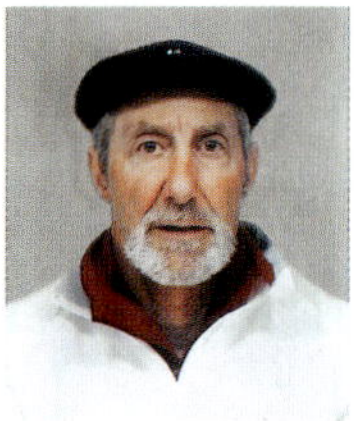

Ulrich Wenger, Jahrgang 1944, ist Diplomgeograf und war Mitglied der Schweizer Nationalmannschaft (Olympische Spiele in Sapporo, 14. Platz über 50 km) sowie Trainer der Schweizer Herren-, Damen- und Biathlon-Nationalmannschaft.

Langlaufdemonstration: Andrea Wiedenbauer, staatlich geprüfte Skilanglauf-Lehrerin, www.powderworld.de

Bildnachweis
Alle Fotos von Ulli Seer; außer:
chili-photography Andreas Meier: S. 99, 101, 102, 103, 104, 105
Exel: S. 94, 95
Fischer Ski: S. 9, 10, 16, 18, 25, 27, 45, 46, 48, 49, 57, 65, 91, 112, 123
Andreas Gonseth: S. 92, 93, 100
Swix: S. 77
Hans Truöl: S. 8
Franz Wöllzenmüller: S. 4, 55, 56
Grafiken: Jörg Mair
Umschlaggestaltung: Joko Sander Werbeagentur, München
Umschlagfotos:
Vorderseite: Fischer Ski
Rückseite: Ulli Seer

BLV Verlagsgesellschaft mbH
München Wien Zürich
80797 München

Lektorat: Claudia Götz
Herstellung: Rosemarie Schmid
Layoutkonzept: Buch & Konzept, Annegret Wehland, München
Layout und Satz: Gaby Herbrecht, München

Gedruckt auf chlorfrei gebleichtem Papier

Printed and bound in Germany
ISBN 3-405-16832-5

Hinweis
Das vorliegende Buch wurde sorgfältig und nach neuesten Erkenntnissen der Wissenschaft erarbeitet. Dennoch erfolgen alle Angaben ohne Gewähr. Weder Autoren noch Verlag können für eventuelle Nachteile oder Schäden, die aus den im Buch gegebenen praktischen Hinweisen resultieren, eine Haftung übernehmen.

Einleitung 8

Nordic Ski, Nordic Cruising, Nordic Fitness ... 8

Nordic Cruising – mehr als nur Skiwandern 11

Die Ausrüstung 11

Der richtige Ski 11

Bindung, Schuhe, Stöcke 12

Stöcke richtig anfassen 12

Bekleidung 13

Schnellkurs Skipflege 15

An Ski und Stöcke gewöhnen 17

Anlegen einer Langlaufspur 17

Übungen am Ort – mit und ohne Stöcke 19

Armarbeit in der Bewegung 21

Gehen und Laufen ohne Stöcke 22

Gleichgewichtsübungen in der Bewegung 22

Der Unterschied zwischen Gehen und Skilanglauf 24

Das geschieht beim Gehen 24

Das geschieht beim Skilanglauf 24

Gleiten – das A und O beim Skilanglauf 26

Der Diagonalschritt – Grundlagen 28

Die Grundform des Diagonalschritts 28

Der Weg zur Grundform 29

Die Beinarbeit beim Diagonalschritt 29

Die Armarbeit beim Diagonalschritt 30

Das Gleiten 30

Fehler beseitigen 31

Der Doppelstockschub – Grundlagen 34

Die Grundform des Doppelstockschubs 35

Der Weg zur Grundform 36

Fehler beseitigen 36

Die Richtung ändern 38

Das Bogenlaufen 38

Das Bogentreten 38

Der Schlittschuhschritt (SSS) 39

Wenn es bergauf geht 40

Der Grätenschritt 40

Der Treppenschritt 40

Wenn es bergab geht 41

Die Grundstellung beim Abfahren 41

Die Fahrt abbremsen 41

Fallen und Aufstehen 42

Skilanglauf mit Kindern 44

Nordic Cruising ohne Loipe 47

Die Ausrüstung 47

Tipps für Nordic Touring 48

Skilanglauf klassisch – das Richtige für sportlich Ambitionierte 50

Die Ausrüstung 50
Der Langlaufski 50
Die richtige Skihärte für mich 50
Bindung und Schuhe 52
Langlaufstöcke 53
Stocklänge 53
Kleidung 53
Schnellkurs Wachsen – Haftwachs 54

Der Diagonalschritt 58
Die Abdruckphase 59
Die Gleitphase 59
Der Diagonalschritt im Anstieg 62

Der Doppelstockschub 66
Die häufigsten Fehler 67

Doppelstockschub mit Zwischenschritt 68

Richtung ändern, ansteigen, abfahren 71
Spurwechsel im Schlittschuhschritt 71
Ansteigen im Grätenschritt 72
Abfahren mit Langlaufski 73

Skatingtechnik – die Fortbewegungsart für Fortgeschrittene 74

Skatingausrüstung 74
Schnellkurs Skipräparation 77

Halbschlittschuhschritt 78
Vorübungen zur Skatingtechnik 79

Schlittschuhschritt ohne Stockeinsatz 80
Übungsformen 80
Anwendungsform 81

Eins-eins-Schlittschuhschritt 82
Die Eins-eins-Bewegung 82

Eins-zwei-Schlittschuhschritt 84
Skating-Übungen 84

Asymmetrischer Schlittschuhschritt 86
Die asymmetrische SSS-Bewegung 86
Beidseitigkeit 88

Diagonalschlittschuhschritt 89

Nordic Fitness – Ohne Schnee geht es auch 92

Nordic Walking 92

Was brauche ich für das Nordic Walking? 95

Der Gesundheitssportler 95

Der sportliche Skilangläufer 95

Nordic Blading 96

Rollski-Training 96

So gestalten Sie das Training effektiv und optimal 98

Laufen 98

Radfahren 98

Schwimmen 101

Krafttraining 101

Stretching und Gymnastik 104

Regeneration 106

Trainingsprogramme 107

Skilanglauf und Gesundheit – Das passt zusammen 110

Bewegungsmangel ist Risikofaktor Nummer eins 110

Skilanglauf senkt nicht nur das Herzinfarktrisiko 111

Skilanglauf im Alter 116

Skilanglauf und Psyche 116

Überlastungsschäden am Bewegungsapparat 117

Essen und Trinken 118

Die Lebensmittelqualität 121

Mineralstoffe, Spurenelemente und Vitamine 122

Schwitzen und Trinken 122

Anhang 124

Register 124

Einleitung

Nordic Ski, Nordic Cruising, Nordic Fitness ...

Die alten Langlauf-Hasen reiben sich verwundert die Augen, wenn sie die zahlreichen Berichte und Kommentare zum Thema Skilanglauf in Magazinen und Tageszeitungen lesen. Was hier unter neuem Namen verkauft wird, ist doch alter Schnee! Oder ist es wirklich etwas Neues? Wie bei vielen Dingen im Leben ist es beides. Eine Reihe von Entwicklungen hat diesem neuen/alten Sport zu einem ungeahnten Höhenflug verholfen:

- Die Langlaufloipen werden immer perfekter präpariert. In einer selbst gespurten Loipe oder in einer Langlaufspur, die mit einem kleinen Motorschlitten gezogen wird, ist sehr viel technisches Feingefühl beim Langlauf notwendig. In den heutigen »Loipenautobahnen« laufen die Ski fast von selbst.
- Den Skiherstellern ist es gelungen durch neue High-Tech-Materialien und eine aufwendige Entwicklungsarbeit die Langlaufski wesentlich kürzer zu konstruieren. Warum das so ist, sei hier kurz erklärt: Die so genannte Biegesteifigkeit wurde früher unter anderem durch die Skilänge erreicht. Ein Beispiel: Ein etwas übergewichtiger Neuling im Langlaufsport musste Ski von 2,10–2,15 m verwenden. Kürzere Ski hätte unser Freund sofort »durchgelatscht«, das heißt, dass das Gleitvermögen des Skis gegen Null tendiert. Kein Spaß, den Ski vorwärts zu schieben statt zu gleiten. Aber das Schlimmste daran ist, dass unser Langlaufeinsteiger diese langen Latten von der Lauftechnik her nicht beherrschen konnte. Heute ist es möglich, die Ski 20 Zentimeter kürzer zu wählen.
- Die Steighilfen bei den so genannten Nowax-Ski wurden verbessert und weisen heute ein sehr ausgeglichenes Abdruck- und Gleitverhalten auf.

In den 1960er-Jahren begann der Langlauf-Boom.

➤ Wer in der schneelosen Jahreszeit Fitnesstraining betreibt sucht natürlich eine Sportart für den Winter. Da liegen unsere Fitness-Enthusiasten mit dem Langlauf absolut richtig. Im Gegensatz zum Laufen oder Radfahren werden beim Langlauf bis zu 90 Prozent der Muskulatur trainiert. Speziell die Oberkörpermuskulatur, die sonst vernachlässigt wird, erhält ein sehr effektives Training.

➤ Nicht zuletzt hat wohl der unglaubliche Erfolg des »Nordic Walking« dem Langlauf neue Impulse gegeben: Die Armbewegung mit Stöcken klappt, jetzt müssen »nur« noch Ski an die Füße.

➤ Und einen maßgeblichen Anteil an der neuen Attraktivität des Langlaufs hat die neue Form der Wettkämpfe gebracht. Keine Minutenstarts mehr, bei denen der Zuschauer eigentlich nie wusste, wie es um den Ausgang des Rennens stand. Heute, packende Massenstarts und Sprintszenen im Zieleinlauf. Auch die Erfolge der deutschen, österreichischen und schweizer Langläufer und Biathleten haben zur Wiederbelebung dieser »nordischen Sportarten« beigetragen.

Und weil auch Autoren an ihrer Arbeit Spaß haben dürfen (oder sagt man heute »Fun«?), möchten wir einige Zeilen aus dem Vorwort zu einem Langlaufbuch zitieren, das von uns 1976 verfasst wurde:
»Ende der sechziger Jahre kamen aus der Schweiz die drei LLL – Langläufer leben länger. Es wandelte sich das Bild vom sturen Loipenasketen, der Kilometer um Kilometer rennt. Skilanglauf kann ein romantischer und naturnaher Genuss für den Skiwanderer, aber auch ein rassiger und harter Sport sein.

Das siebenjährige Kind kann mit seinem siebzigjährigen Großvater eine Skiwanderung unternehmen. Man muss es erlebt haben, das Gleiten durch verschneite Wälder. Die gesundheitlichen Werte hat man klar erkannt. Die Bewegung in der klaren, reinen Winterluft kurbelt den Stoffwechsel an und bringt unser ganzes Nervensystem wieder ins Gleichgewicht. Zur seelischen und nervlichen Erholung kommt natürlich noch der hervorragende Trainingseffekt für Herz, Kreislauf, Atmung. Allen, die etwas für ihre Figur tun wollen, kann man diese Sportart wärmstens empfehlen, denn der Kalorienverbrauch ist hoch, je nach Lauftempo über 700 Kalorien pro Stunde ...« (aus: Skilanglauf für Anfänger und Könner, BLV Verlag 1976.)
Wir hoffen, dass wir Ihnen, lieber Leser, viel von unserer Erfahrung mit auf die Loipe geben können. Zwar ersetzt ein Buch keinen Langlaufkurs, aber es ist der erste Schritt zu mehr Freude und Erfolg, egal ob bei Skilanglauf, Nordic Ski oder Nordic Fitness.

Franz Wöllzenmüller, Ulrich Wenger

Nordic Cruising – mehr als nur Skiwandern

Das Wörterbuch Englisch-Deutsch bringt unter dem Stichwort »cruise« folgenden Hinweis: »Kreuzfahrt, Vergnügungsfahrt; cruising – kreuzen«. Der zweite Begriff »Vergnügungsfahrt« zeigt schon deutlicher worum es geht: Um eine Vergnügungsfahrt im Schnee, in der Loipe oder querfeldein. Das verspricht schon wesentlich mehr, als der alte Begriff »Skiwandern«.
Nun hat sich, wie bereits in der Einleitung beschrieben, auf diesem Sektor einiges getan, das den Loipenspaß deutlich erhöht. Zum einen ist die maschinelle Loipenpräparierung perfektioniert worden. Die Skiführung wird in diesen Loipen-Autobahnen wesentlich erleichtert. Selbst gespurte Loipen verlangen nämlich ein wesentlich höheres Maß an Koordination und Lauftechnik. Aber am deutlichsten ist die Entwicklung bei den Skilängen zu spüren. Die deutlich kürzeren Ski machen die Skiführung unkomplizierter. Das wurde erst durch neue Skikonstruktionen und Materialien möglich.
Nicht zuletzt hat die Perfektionierung der so genannten Nowax-Beläge das Langlaufen vereinfacht. Diese Beläge erübrigen die Verwendung von Haftwachs und ermöglichen bei den meisten Schneearten einen sicheren Abdruck beim Laufen. Damit steht jedem – sofern ausreichend Schnee liegt – eine wunderbare Sportart zur Verfügung, die vom Trainingseffekt her einfach unvergleichbar ist: 90 Prozent der Körpermuskulatur werden trainiert, oder wie wir in einem unserer ersten Langlaufbücher geschrieben haben: Der Körper wird beim Langlauf trainiert, von den Fingerspitzen bis zu den Zehen.
Aber selbst wenn heute alles so viel einfacher beim Langlauf ist, müssen einige Grundregeln erlernt werden. Zwar ist praktisches Üben, z. B. in einem Langlaufkurs, nicht zu ersetzen, aber die mentale Auseinandersetzung mit der Lauftechnik – auch in Form eines Buches – ist von enormer Wichtigkeit. Sie müssen, wenn Sie gut Langlaufen wollen, auch ein geistiges Bild von der richtigen Technik haben. Und diesem Vorhaben wollen wir uns in diesem Buch besonders widmen.

Ein Genuss für Körper und Seele.

Die Ausrüstung

Der richtige Ski

Kernstück der Langlauf-Ausrüstung ist natürlich der Ski. Für einen Läufer mit 185 cm Körpergröße war z. B. bisher eine Skilänge von 210 cm obligatorisch. Wenn der gleiche Läufer heute einen neuen Ski sucht, wird – speziell bei den Nordic Cruising-Modellen – nicht mehr die Körpergröße, sondern das Körpergewicht die Skilänge bestimmen.

Nordic Cruising mit deutlich kürzeren Ski.

Eine Entwicklung, die absolut folgerichtig ist, da das Körpergewicht letztlich das Gleitvermögen eines Skis entscheidend beeinflusst. So wird also unser 185 cm-Läufer, der 74 kg wiegt, jetzt einen Ski mit 174 cm wählen! Man kann es auf die Formel bringen: Kürzere Ski = leichteres Handling, leichteres Lernen der Technik. Die Modelle für den Bereich Nordic Cruising sind durchweg mit Nowax-Belägen ausgestattet, die müheloses Laufen bei den meisten Schneearten gestatten. Warum trotzdem ein wenig Pflege notwendig ist, werden wir auf den nächsten Seiten erläutern.

Bindung, Schuhe, Stöcke

Die Zeiten des Bindungs-Wirrwarrs sind vorüber. Es gibt im Wesentlichen noch zwei Bindungssysteme und dazu die jeweiligen Schuhsysteme. Nehmen Sie den Schuh, der Ihnen am besten passt und dazu die entsprechende Bindung. Langlaufschuhe werden praktisch nur noch in Stiefelform, das heißt knöchelhoch angeboten. Das ergibt einen besseren Halt als bei den früher noch üblichen niedrigen Modellen in Laufschuhform. Bei den Stöcken ist die richtige Länge entscheidend für die Ausführung der Langlauftechnik. Der Neuling sollte mit etwas kürzeren Stöcken laufen.

Stöcke richtig anfassen

So eigenartig das für den Neuling klingen mag, aber die Lauftechnik ist nur richtig auszuführen, wenn die Stöcke korrekt angefasst werden und die Handschlaufe dem Umfang der geschlossenen Hand richtig angepasst ist. Warum? Beim Schwung des Armes hinter den Körper muss sich die Hand öffnen, sonst zeigt die Stockspitze senkrecht nach oben und die Hände sowie der Unterarm können sich nicht entspannen. Eine schnelle Ermüdung ist die Folge.
Öffnet sich die Hand beim Armschwung und der Stock wird falsch angefasst oder die Schlaufe ist nicht richtig eingestellt, verliert der Läufer die Kontrolle über den Stock.
Um das zu vermeiden, wird dann eben beim Armschwung nach hinten die Hand nicht geöffnet.
So ist es richtig: Von unten greift die Hand in die Stockschlaufe, um dann den Stockknauf

Schuhe, Bindung, Stöcke

Tabelle Skilängen – Nordic Cruising – (Beispiel Fa. Fischer)

Körpergewicht	weniger als 64 kg	= Small	1,64 m
Körpergewicht	60–84 kg	= Medium	1,74 m
Körpergewicht	80 kg	= Large/XL	1,84 m

Für den Bereich Nordic Cruising werden auch Skating-Modelle angeboten, die nach dem Körpergewicht ausgewählt werden.
Der Skihersteller Fischer bietet 3 Längen an: Small 1,51 m, Medium 1,61 m, Large 1,71 m

Tabelle Stocklängen

Die Stocklänge beträgt 79–85 % der Körpergröße oder anders ausgedrückt: Sie passen unter die Achselhöhle, beziehungsweise sind auf Schulterhöhe. Anfänger wählen in jedem Fall kürzere Stöcke (79 %).

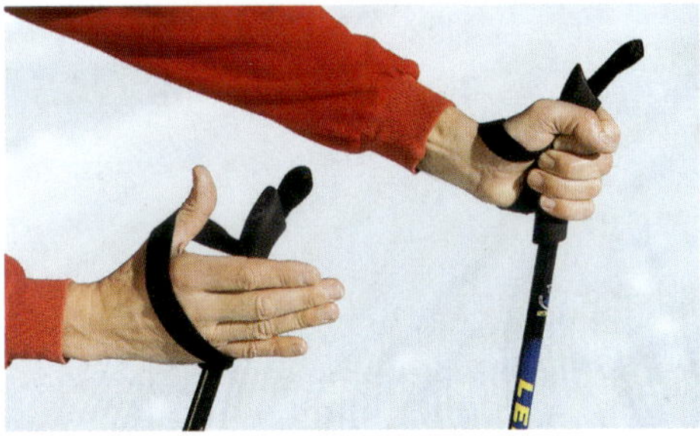

Stöcke richtig anfassen!

zu umfassen. Ist die Stockschlaufe zu lang, treten die gleichen Probleme auf: Beim Armschwung nach hinten geht die Kontrolle über den Stock verloren.

Bekleidung

Die Langlaufkleidung muss folgende Zwecke erfüllen:

- Die Laufbewegung darf nicht eingeschränkt werden.
- Sie muss gegen Wind und Wetter schützen.
- Sie muss den Körper warm und, so gut es geht, trocken halten.

Der Langläufer kleidet sich am besten nach dem »Zwiebelschalen-Prinzip«: Mehrere dünne Kleidungsschichten sind besser als ein einziger dicker Anorak oder Pullover.

Unterwäsche

Sehr wichtig ist die Qualität der Wäsche, die direkt auf der Haut getragen wird. Seit einigen Jahren gibt es so genannte Funktions-Unterwäsche aus synthetischem Material. Die Werbung der diversen Hersteller spricht davon, dass die Körperfeuchtigkeit mit Hilfe dieser Spezialstoffe schnell nach außen getragen wird, damit der Körper trocken bleibt. Aber es gibt auch Funktionswäsche, die sich in feuchtem Zustand sehr kalt auf der Haut anfühlt. Wichtig ist also eine Unterbekleidung, die trotz Feuchtigkeit warm bleibt!

Zurück zur Natur

Interessant ist in diesem Zusammenhang eine Studie, die an der Universität Graz durchgeführt wurde. An 15 Versuchspersonen hat man erforscht, wie sich Wollunterwäsche im Gegensatz zur üblichen Kunstfaser (Polypropylen) auf das Leistungsvermögen bei sportlicher Belastung auswirkt.
Es wurden hierbei hochinteressante Zusammenhänge zwischen Merinowolle und synthetischem Textilmaterial herausgefunden.
Der Körper besitzt einen Thermo-Regulations-Mechanismus, der über den abgesonderten Schweiß und die Verdunstung die Körpertemperatur relativ konstant hält. Die Kunstfaser-Unterwäsche gibt Schweiß schneller nach außen ab, aber der Körper produziert neuen Schweiß, um die Kühlung sicherzustellen.
Die Folge: Ein Sportler mit Kunstfaserunterwäsche muss mehr schwitzen als einer der Wollunterwäsche trägt. Dadurch kommt er schneller in den anaeroben (anaerob = ohne Sauerstoff/Sauerstoffmangel) Bereich und ist in kürzerer Zeit erschöpft.
Wolle kann mehr Feuchtigkeit aufnehmen (bis zu 30 Prozent ihres Eigengewichts) als Kunstfaser (1 Prozent des Eigengewichts).
Die 15 Sportler der Versuchsgruppe haben beim Tragen der Wollunterwäsche – während eines Leistungstests – eine deutlich höhere Leistung erzielt als beim Tragen der Synthetikwäsche.
Dass die Unterwäsche aus Merino-Wolle trotzdem nicht kalt auf der Haut aufliegt, bringt die Faserstruktur mit sich. Die Feuchtigkeit sammelt sich sozusagen in der Mitte des Stoffes.
Aber auch das persönliche Wohlbefinden beim Tragen einer Unterwäsche ist ganz entscheidend. Das Naturmaterial hat hier gute Trümpfe vorzuweisen:

- Es bleibt auch in feuchtem Zustand warm auf der Haut.
- Es entwickelt keinen unangenehmen Geruch (manche Kunstfaserprodukte riechen übel).

(Weitere Infos über Sportwäsche aus Merinowolle: www.ortovox.com)

Das ist das Ziel: müheloses Gleiten!

Zwiebel-Pinzip

Über die Unterwäsche wird ein dünner Rollkragenpullover gezogen. Darüber trägt der Läufer seinen Langlauf- oder Trainingsanzug. Bei starkem Wind und großer Kälte ist eine weitere dünne Jacke, gegebenenfalls auch Hose zu tragen. Eine Mütze, die auch die Ohren bedeckt, ist außerdem notwendig. Mehr als die Hälfte der Körperwärme wird über den Kopf abgegeben! Langlaufen ohne Mütze ist blanker Unsinn!
Je nach Bedürfnis trägt man Langlaufhandschuhe oder Langlauf-Fäustlinge. Vervollständigt wird die Bekleidung durch Sportsocken/Sportkniestrümpfe.
Und: Funktionalität der Bekleidung ist wichtiger als modische Gags.

Schnellkurs Skipflege

»Hilfe, meine Ski haben dicke Schneestollen und außerdem sind die Beläge total vereist. So ein Mist – und ich habe mir doch extra Nowax-Ski gekauft.« Wachsfreier Ski heißt noch lange nicht »pflegefreier« Ski.

Warum ist ein wenig Pflege notwendig? Das Belagsmaterial eines völlig unbehandelten Skis oxidiert mit der Zeit und dadurch verschlechtern sich die Gleitbedingungen. Die Laufflächen nehmen auch Schmutz und Staub auf. Ski, die man ohne Schutz auf dem Autodach transportiert, werden außerdem durch Streusalz-Ablagerungen in Mitleidenschaft gezogen. Bei problematischen Schneeverhältnissen – Neuschnee im Null-Grad-Bereich – treten dann bei unbehandelten Ski die oben genannten Probleme (Schneestollen) verstärkt auf. Dabei ist die Pflege sehr einfach und in wenigen Minuten erledigt.

Checkliste – Ausrüstung

Mögliche Probleme	**Lösungsvorschläge**
Schwierigkeiten bei der Skiführung.	Wenn neue Ski fällig sind, ein kürzeres Modell der neuen Generation wählen (diese Ski sind bis zu 20 cm kürzer).
Ich habe Probleme mit der Stockführung.	Stocklänge überprüfen und kontrollieren, ob sie zu lang oder zu kurz sind.
Beim Armschwung nach hinten rutscht mir der Stock aus der Hand.	Das korrekte Fassen des Stockes überprüfen und die Stockschlaufe eventuell kürzer einstellen.
Ich habe Probleme beim Einstieg in die Bindung.	Schuhsohlen, besonders die Schuhspitzen, von Schnee- und Eisablagerungen säubern.
Die Ski gleiten schlecht.	Die Skihärte ist nicht dem Körpergewicht angepasst.
Ich schwitze zu stark.	Bekleidung nach dem Zwiebelschalen-Prinzip – mehrere dünne Kleidungsstücke, keine dicken Anoraks oder Pullover tragen.
Ich friere beim Laufen, wenn ich nass geschwitzt bin.	Funktionsunterwäsche, noch besser moderne Wollunterwäsche tragen.
Ski gleiten schlecht und weisen dicke Schneestollen auf.	Skibelag immer mit Gleitmittel pflegen, und zwar vor(!) und nach der Sommerpause, um Oxidation zu verhindern.
Schneeablagerungen auf der Skioberfläche.	Skioberfläche säubern und eventuell mit einem Gleitmittel behandeln.

Sie sollten berücksichtigen, dass das richtige Ausführen der Lauftechnik nur mit einem Ski möglich ist, der ausreichend gleitet.

1. Schritt

Die Laufsohle und eventuell auch die Skioberfläche mit einem Skireiniger oder Waschbenzin und einem Stofflappen gründlich säubern. Die Skioberfläche auch deshalb, weil sich auf einer verschmutzten Fläche besonders viel nasser Schnee ablagert und die Ski schwerer macht.

2. Schritt

Auf die saubere Laufsohle ein Gleitmittel auftragen. Es gibt diverse Spezialwachse für Nowax-Ski, die leicht aufzutragen sind. Nur sollte man dieses Wachs nicht unmittelbar vor dem Laufen verwenden, denn das Lösungsmittel muss erst vollständig verdunsten (10–20 Minuten).

An Ski und Stöcke gewöhnen

Eine völlig neue Dimension stellen für den Langlauf-Neuling die verlängerten Beine (die Ski) dar, die er in den Bewegungsablauf einbauen muss. Deshalb macht es Sinn, sich vor dem eigentlichen Erlernen der Technik ein wenig an diese neuen Sportutensilien zu gewöhnen. Diese ersten Erfahrungen erleichtern den Einstieg in die richtige Lauftechnik.

Anlegen einer Langlaufspur

Für die ersten Schritte kann man sich ohne großen Aufwand eine Übungsloipe anlegen. Von entscheidender Bedeutung ist die Breite dieser Spur. Sie muss immer hüftbreit angelegt werden. Neulinge neigen dazu, die Spur zu schmal anzulegen und haben dadurch Probleme, ihr Gleitgewicht zu halten. Im ungünstigsten Fall berühren sich dann bei der Laufbewegung die Schuhe.
Der Schneesteg zwischen den beiden Spuren gibt dem Ski eine sichere Führung. Die Übungsspur muss nicht länger als 80 m sein. Die Loipe kann als so genannte Parallelspur, als Rundspur oder in Form einer »8« angelegt sein (Abbildung unten). Die zuletzt genannte ist für etwas fortgeschrittenere Läufer.

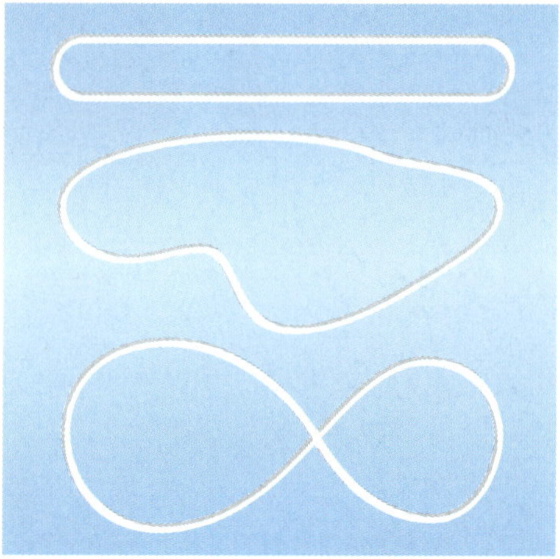

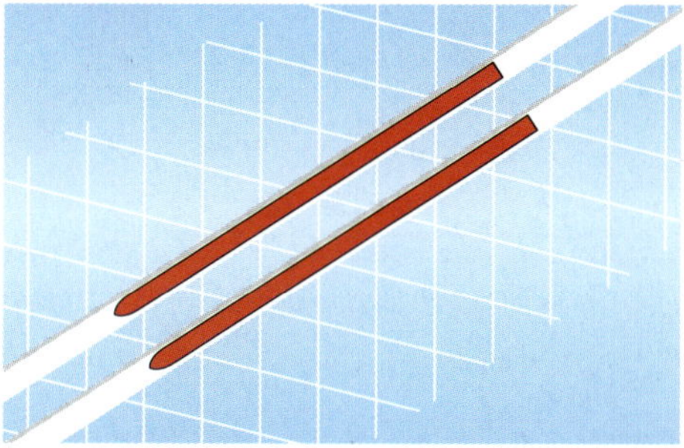

Liegen mehr als 15 cm Schnee, muss die Übungsspur quer eingetreten werden. In diese eingetretene Fläche wird dann die eigentliche Loipe gelegt (Abbildung Seite 17 unten).

Übungen am Ort – mit und ohne Stöcke

Umtreten um die Skienden

Die erste Übung: Umtreten am Ort – um die Skienden (Bild oben). Sie treten einen Kreis, bei dem die Skienden im Zentrum sind und die Skispitzen nach außen zeigen, mit den Stöcken stützen Sie sich ab. Diese sind am Anfang eine gute Hilfe, um das Gleichgewicht zu halten. Die Übung ist wichtig für Richtungsänderungen beim Laufen. Mit zunehmender Standsicherheit kann die Geschwindigkeit bei dieser Übung erhöht werden.

Umtreten um die Skispitzen

Die zweite Übung: Umtreten am Ort – aber diesmal sind die Skispitzen im Zentrum des Kreises (Bild unten). Dieses Kreistreten am Anfang langsam und exakt ausführen, bis Sie sich an die Bewegung gewöhnt haben. Später wird die Bewegung des nachholenden Skis erhöht. Das sieht dann so aus: Einen Ski in Kreisbewegung umsetzen und das Körpergewicht auf diesen Ski verlagern. Dann den zweiten Ski anheben und rasch nachholen. Selbst wenn Ihnen diese Übungen ein wenig simpel erscheinen: Beim Laufen müssen diese Bewegungsmuster unter Umständen sehr schnell ausgeführt werden. Und deshalb ist es sinnvoll, die Grundlagen zu lernen.

Langlaufgenuss bei Pulverschnee.

Beinschwung trainieren

Die dritte Übung: Sie stützen sich auf die Skistöcke und schwingen mehrmals mit einem Fuß nach hinten aus (Bild oben). Zehnmal mit dem linken Fuß und zehnmal mit dem rechten. Das ist eine gute Vorarbeit für die Beinarbeit und die wichtigste Schrittform – den Diagonalschritt. Sie lernen dabei auch, auf einem Ski zu stehen.

PRAXISTIPP

Übertreiben Sie den Beinschwung bei dieser Übung ruhig ein wenig.

Armschwung trainieren

Die vierte Übung: Sie stehen auf beiden Ski und die Arme schwingen – ohne Stöcke – rhythmisch nach vorne und hinten (Bild oben rechts). Die Armbewegung darf dabei ruhig etwas übertrieben werden. Das ist eine Vorübung für die Pendelbewegung der Arme beim Diagonalschritt.
Verlagern Sie das Gewicht wie beim Laufen mit Stöcken nach vorne und bringen Sie auch den Oberkörper mit in die Bewegungsrichtung.

PRAXISTIPP

Eine Variante dieser Übungen, die das Gleichgewicht gut schult: Sie heben (ohne Armbewegung) abwechselnd den rechten und linken Ski an und versuchen einige Sekunden auf einem Bein zu stehen.

Armarbeit in der Bewegung

Arm- und Beinkoordination trainieren

Wer in den schneelosen Jahreszeiten Nordic Walking betreibt, dem ist die parallele Arm-/Beinarbeit nicht neu. Auch beim Laufen und Wandern wird die diagonale Arm-/Beinarbeit ausgeführt, aber ohne die »störenden« Stöcke.

Gehen auf Ski – mit Stöcken

Diese Übung erleichtert die Gewöhnung an die Stöcke: Gehen auf Ski, ohne betonten Stockeinsatz (Bild unten links). Achten Sie dabei aber auf die flüssige Armarbeit. Mit der Zeit wird der Bewegungsablauf so automatisiert, dass Sie keine Gedanken daran mehr verschwenden müssen.

PRAXISTIPP

Im Gegensatz zum Nordic Walking ist die Armarbeit beim Langlauf wesentlich ausgeprägter. Deshalb zum Einüben die Bewegung betont ausführen.

Oberkörper und Arme einsetzen

Die zweite Übung: Auch ohne Fußbewegung kommen Sie beim Laufen auf Ski gut voran. Nach einigen Anlaufschritten schieben Sie mit beiden Stöcken gleichzeitig an und lassen die Ski ausgleiten (Bild unten rechts). Während dieses Gleitvorgangs folgt der nächste Schub. Eine hervorragende Übung für den Doppelstockschub, den Sie später lernen.

Gehen und Laufen ohne Stöcke

Beim Erlernen der Langlauftechnik stellt diese Übung ein sehr wichtiges Element dar. Jeder Neuling auf Ski versucht das meist fehlende Gleichgewichtsgefühl anfangs mit den Stöcken auszugleichen, indem er sich abstützt. Fehlen diese Stützhilfen, ist jeder darauf angewiesen, das Gleichgewichthalten auf Ski zu trainieren.

Gehen ohne Stöcke

Üben Sie das Gehen auf Ski ohne Stöcke und versuchen Sie das spaßeshalber zuerst mit vor der Brust verschränkten Armen. Dann schwingen Sie mit den Armen zügig mit. Sie werden nun feststellen, wie enorm wichtig die Armbewegung für ein zügiges und rhythmisches Laufen auf Ski ist. Das Gehen und Laufen ohne Stöcke sollten Sie möglichst häufig in das Übungsprogramm einbauen.

Schieben ohne Stöcke

In einer leicht abfallenden Spur einige Anlaufschritte machen und beim Gleiten die Doppelstockbewegung simulieren. Den Oberkörper nach vorne abwinkeln und die Arme schwungvoll nach hinten auspendeln.

Hoch – Tief

Wechseln Sie zwischen Schritten in tiefer Hocke und Schritten, bei denen Sie den Körper und beide Arme nach oben strecken. Diese Übungsvariante kann man ganz ohne Stöcke ausführen, oder man hält die Stöcke in der Mitte und schwingt diese rhythmisch mit.

PRAXISTIPP

In vereisten Loipen ist das Erlernen der Technik viel schwerer. Ziehen Sie sich selbst eine neue Loipe, oder weichen Sie ins freie Gelände aus.

Gleichgewichtsübungen in der Bewegung

Schwerpunkt der Übungen für den Diagonalschritt ist das Gleiten auf einem Bein. Dazu sollten Sie möglichst häufig einfaches Gleichgewichtstraining einbauen.

PRAXISTIPP

Bei dem für den Langlauf so wichtigen Gleichgewichtsgefühl sollten Sie erfinderisch sein und sich ruhig weitere Übungen ausdenken.

Ski anheben beim Gleiten

In einer leicht fallenden Spur oder bei guten Gleitverhältnissen einige Stockschübe machen, einen Ski anheben und gleiten. Versuchen Sie das mehrmals hintereinander und wechseln Sie jeweils das Gleitbein. Häufig ist es so, dass man ein Bein hat, auf dem die Übung nicht so gut klappt. Diese Seite wird dann besonders trainiert. Die Gleitphasen immer mehr verlängern.

Hindernisgleiten

Eine Variante der vorhergehenden Übung geht so: In einer leichten Abfahrt werden in größeren Abständen kurze Tannenzweige in die linke oder rechte Spur gesteckt. Der Läufer versucht nun dem Hindernis auszuweichen, indem er kurz vor dem Tannenzweig einen Ski anhebt und so lange auf einem Bein gleitet, bis er den Ski wieder in die Spur setzen kann.

Checkliste – Gewöhnung an Ski und Stöcke

Mögliche Probleme	Lösungsvorschläge
In meiner selbst angelegten Übungsspur kann ich nur schwer das Gleichgewicht halten.	Die Spur hüftbreit anlegen. Zwischen den beiden Ski muss ein Schneesteg sein, der die Skiführung erleichtert.
Es liegen mehr als 15 cm Schnee.	Für die Übungsspur den Schnee erst »quer« eintreten und dann darauf die Loipe ziehen.
Ich habe Probleme bei Richtungsänderungen.	Umtreten um die Skispitzen und Skienden üben. Bei Fortschritten die Geschwindigkeit steigern.
Ich habe Probleme mit dem Arm- und Beinschwung.	Den Arm- und Beinschwung zunächst im Stand trainieren und dabei die Bewegungsmuster ruhig etwas übertreiben.
Ich habe Probleme mit der Arm- und Beinkoordination.	Einfaches Gehen auf Ski ohne betonten Stockeinsatz erleichtert die Koordination.
Ich habe Probleme mit dem Halten des Gleichgewichtes.	Zunächst das Gehen ohne Stöcke üben und mit den Armen zügig mitschwingen. Das Tempo allmählich steigern.
Wie kann ich mein Gleichgewichtsgefühl weiter verbessern?	In einer leicht fallenden Spur jeweils einen Ski anheben und auf einem Bein gleiten. Die Gleitstrecken immer mehr verlängern.

Der Unterschied zwischen Gehen und Skilanglauf

Das geschieht beim Gehen

Beim Gehen drückt sich der Fuß bei jedem Schritt vom Untergrund ab und findet dabei einen Gegenpol, der sich nicht bewegt, also einen sicheren Abdruck gewährleistet. Die Ausnahme bilden rutschige oder vereiste Böden. Hier ähnelt das Gehen mehr dem Skilauf.

Beim Gehen bewegt sich der Mensch im Diagonalschritt. Das heißt: Die sich diagonal gegenüberliegenden Gliedmaßen bewegen sich in die gleiche Richtung. So werden z. B. der rechte Fuß und der linke Arm nach vorne geführt, während gleichzeitig der linke Fuß und der rechte Arm nach hinten pendeln. Wie kompliziert! Nein, diese Bewegungsform ist dem Menschen angeboren, aber durch körperliche Passivität manchmal verkümmert. Kinder bewegen sich meist auf Anhieb natürlich. Diverse Übungen in diesem Buch bieten eine Hilfestellung, um zum natürlichen Bewegungsablauf zurückzufinden. Die Eleganz des Skilanglaufs ist sicher auch darauf zurückzuführen, dass es sich um eine natürliche Bewegungsform handelt.

Das geschieht beim Skilanglauf

Die wichtigste Technik, der Diagonalschritt, ist dem Bewegungsablauf beim normalen Gehen sehr ähnlich. Worin liegen nun die Schwierigkeiten, die Bewegungsform auf den Skilanglauf zu übertragen. Zunächst bereiten die ungewohnten Geräte – Ski und Stöcke – Probleme.

Gravierender ist, dass der Schritt auf dem Ski zum Gleiten führt. Dieses Gleiten unterscheidet den Skilanglauf vom normalen Gehen. Außerdem findet der Fuß beim Abdrücken vom Boden keinen festen Gegenpol. Ein Zurückrutschen beim Abdruck muss also verhindert werden. Das geschieht durch ein Haftwachs oder durch einen Nowax-Belag in Form von Schuppen oder kleinen Stufen.

Nicht zuletzt dient eine Reihe der Technikübungen in diesem Buch dazu, einen sauberen Abdruck zu erlernen.

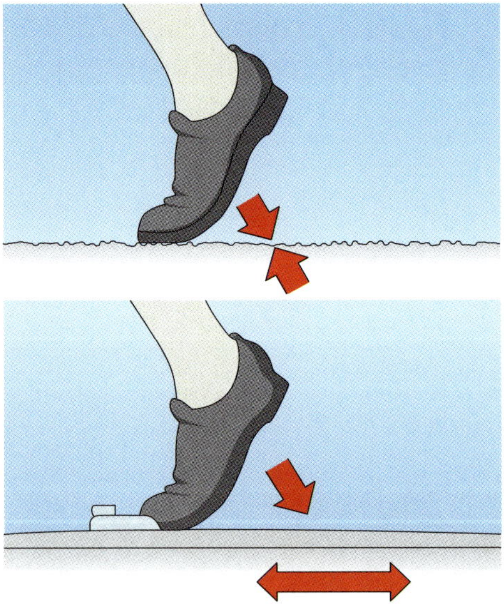

Oben:
Sicherer Abdruck beim Gehen.

Unten:
Der Ski kann beim Abdruck zurückgleiten.

Rechte Seite:
Langlauf wie im Bilderbuch.

Checkliste – Gehen und Skilanglauf

Mögliche Probleme	Lösungsvorschläge
Unsicherer Abdruck bei jedem Schritt.	Die Haftreibung zwischen Skibelag und Schnee muss durch Haftwachs oder eine Belagsstruktur (Schuppen, Stufen) und die richtige Lauftechnik erzeugt werden.
Warum ist der Abdruck beim Langlauf so diffizil?	Durch Haftwachs oder Nowax-Belag wird ein Kompromiss zwischen sicherem Abdruck und Gleiten erzielt. Ist der Abdruck absolut sicher, gleiten die Ski schlechter. Habe ich sehr schnelle Ski, ist der Abdruck schwierig.
Ich habe Probleme mit der diagonalen Arm-/Beinbewegung.	Führen Sie die Gewöhnungsübungen mit Ski und Stöcken aus dem vorhergehenden Kapitel durch. Sie beherrschen diese Bewegungsform und haben sie nur verlernt.
Warum ist der Gleitvorgang so wichtig?	Das Gleiten unterscheidet den Langlauf vom normalen Gehen und ist für den Neuling ungewohnt. Erst durch das aktive Gleiten, das Sie durch einen sauberen Abdruck erzielen, wird Langlauf zum Genuss. Führen Sie die Übungen aus, die im vorhergehenden und im nächsten Kapitel beschrieben sind, dann erleben Sie das genussvolle Dahingleiten.

Gleiten – das A und O beim Skilanglauf

Rhythmisches Gleiten zu lernen ist das Wichtigste beim Skilanglauf. Als Neuling müssen Sie zunächst lernen, sich auf die ungewohnten Reibungsverhältnisse zwischen Skibelag und Schneeoberfläche einzustellen. Besonders auf die Tatsache, dass der Fuß beim Abdruck keinen sicheren Gegenpol findet.
Sie brauchen auch einige Zeit, um sich an das passive Gleiten bei Abfahrten und das aktive Gleiten bei jedem Schritt zu gewöhnen. Um dieses Gleiten zu genießen, ist ein gutes Gleichgewichtsgefühl notwendig.

Nach diesen theoretischen Ausführungen denken Sie vielleicht, dass Langlauf ziemlich kompliziert ist. Sie können guten Mutes sein, denn den größten Teil der notwendigen Fähigkeiten besitzen Sie bereits. Diese müssen nur aktiviert und geschult werden. Mit dem in diesem Buch vorgestellten Konzept werden auch Sie bald das schwerelose Gleiten beherrschen. Allerdings gilt der simple Grundsatz: Langlaufen lernt man nur durch Langlaufen.
Aber die theoretische Auseinandersetzung mit der Technik ist von enormer Bedeutung. Wenn Sie die Zusammenhänge, die zu einer guten Lauftechnik führen, erkannt haben, werden Ihre Lernfortschritte in der Praxis deutlich schneller sein. Es geht hier nicht um Geschwindigkeit, sondern darum, dass Sie Freude und Spaß am Nordic Cruising haben und dass es, wie in der Einleitung gesagt, eine »Vergnügungsfahrt« wird.

PRAXISTIPP

Oft helfen Korrekturen eines erfahrenen Langläufers oder Langlauflehrers sehr schnell bei der Verbesserung der Technik weiter.

Links:
Sauberes Gleiten auf einem Bein.

Rechte Seite:
Querfeldein – ein Wintertraum!

Der Diagonalschritt – Grundlagen

Der Diagonalschritt ist die wichtigste Technikform beim Langlauf, und hat auch den größten Anwendungsbereich. Er eignet sich für flache Strecken, welliges Gelände und leichte Anstiege. Für die ersten Übungen wählen Sie am besten eine gut präparierte Spur, die eine saubere Skiführung und einen sicheren Abdruck gewährleistet.

Die Grundform des Diagonalschritts

Im Bewegungsablauf enthält die Grundform alle wesentlichen Phasen der sportlicheren Ausführung. Aber sie ist weniger dynamisch, weil der explosive Abdruck, das lange Gleiten auf einem Ski und das aktive Vorschwingen des Beines fehlen. Auch wenn es nicht ganz einfach nachzuvollziehen ist, sollten Sie sich den Bewegungsablauf genau ansehen. Es wurde bereits gesagt, dass die Theorie die Praxis ganz wesentlich ergänzt.

1. Die beiden Beine sind fast gleichauf und der Beinabdruck wird vorbereitet.
2. Die Streckbewegung aus Fuß-, Knie- und Hüftgelenk ist entscheidend für den Vortrieb.
3. Der Stockeinsatz mit dem Arm ist beendet und die Abdruckbewegung kommt in die Schlussphase.
4. Der Beinabstoß ist beendet und in der Gleitphase wird das Körpergewicht auf einen Ski verlagert. Die Läuferin gleitet auf einem

Ski und der Stockeinsatz mit dem gegenüberliegenden Arm beginnt.

5. Das nach hinten ausgeschwungene Bein wird nach vorne geführt und gleichzeitig geht der Stockeinsatz weiter.

6. Wieder in Position 1.

Der Weg zur Grundform

Bei den Gewöhnungsübungen haben Sie bereits Elemente aus dieser Technik trainiert. Den Arm-/Beinrhythmus zu vertiefen, ist das Ziel der folgenden Übungen:

➤ Gehen auf Ski geht in leichtes Laufen über – alles ohne Stöcke – mit betonter Armarbeit. Ein sehr wichtiges Training, das Sie immer wieder einbauen sollten.

➤ Nun laufen Sie mit Stockeinsatz. Der Stock wird vor dem Gleitbein, dicht neben der Spur eingesetzt. In einer Spur, die eine leichte Steigung aufweist, ist am Anfang der Bewegungsablauf leichter zu erlernen, da die Gleitphase kürzer ist und dem normalen Lauf ohne Ski noch am meisten gleicht.

Die Beinarbeit beim Diagonalschritt

Der Langläufer muss lernen, sich mit dem Ski, wie beim normalen Lauf, mit dem Fuß abzudrücken. Dazu müssen die Ski beim Abdruck gut greifen.

Zum Erlernen der Technik ist es deshalb sinnvoll, bei eisiger Loipe eine Übungsspur im unberührten Schnee anzulegen.

Zur Schulung des Abdrucks ist »Rollerfahren« eine gute Übung. Sie suchen sich eine ebene oder leicht fallende Spur. Die Stöcke werden dabei ganz weggelassen oder waagrecht mit beiden Händen vor dem Körper gehalten. Wie auf einem Kinderroller stoßen Sie sich nun dreimal mit dem linken Fuß ab, dann mit dem rechten. Die Zahl der einseitigen Abstöße wird allmählich verringert und zuletzt stoßen Sie sich nur noch rechts/links ab.

Die Armarbeit beim Diagonalschritt

Einen nicht geringen Anteil an der Vorwärtsbewegung beim Diagonalschritt hat die Armarbeit. Jeder Beinabdruck ist mit einem Stockabstoß verbunden. Die Armarbeit ist deshalb sehr effektiv, weil die Stockspitze auch bei glatten Ski oder eisiger Spur einen sicheren Halt findet. Außerdem ist der Arm-Hebel durch die Stöcke sehr gut und der Arbeitsweg der Arme ist länger als der der Beine. Vorausgesetzt, die Armarbeit wird technisch richtig ausgeführt.
Wichtig ist, dass der Stock bei der Laufbewegung am Körper vorbei nach hinten ausschwingt und die Hand den Stockgriff freigibt. Dazu muss die Handschlaufe richtig eingestellt sein und der Stock richtig angefasst werden (siehe Kapitel Ausrüstung).
Als Übung eignet sich besonders das Laufen im leicht ansteigenden Gelände. Die Gleitphase ist verkürzt und der Bewegungsablauf ähnelt mehr dem normalen Gehen. So bekommen Sie ein gutes Gefühl für die richtige Bewegungskoordination.

Das Gleiten

Der dominierende Unterschied zwischen Gehen und Skilanglauf ist das Gleiten auf einem Ski. Dieses Gleiten mit der Gleichgewichtsverlagerung von einem Bein auf das andere stellt an das Gleichgewichtsgefühl hohe Anforderungen.
Eine Übung, die der ganzen Familie Spaß macht: Wer kann in einer leicht abfallenden Spur am längsten auf einem Ski gleiten?
Für die nächste Übung eignet sich eine schnelle Spur oder leicht fallendes Gelände besonders: Sie gleiten mit beiden Ski und führen abwechselnd rechts und links einen Stockabstoß aus. Dieses Training verhilft nicht nur zu einer effektiven Stockarbeit, sondern kräftigt besonders die Oberkörper- und Armmuskulatur.

Fehler beseitigen

Falsche Lage des Körperschwerpunktes

Das größte Problem bereitet dem Neuling auf Ski das fehlende Gleichgewichtsgefühl und die falsche Lage des Körperschwerpunktes. Um nicht umzufallen, wird der nach hinten ausgeschwungene Fuß sofort wieder in die Spur gesetzt. Dadurch entfällt das Gleiten und es wird ein Rutschen daraus.
Wie kann ich das abstellen?
Das Becken und damit der Körperschwerpunkt muss über das Gleitbein gebracht werden. Denken Sie einfach daran, immer stärker den Fußballen als die Ferse zu belasten. Versuchen Sie es im Stand: Becken nach vorne und voll auf dem Gleitbein stehen. Sie können den zweiten Fuß ungehindert anheben ohne umzufallen. Liegt der Körperschwerpunkt zu weit hinten, benötigen Sie den zweiten Fuß als Stütze, um nicht umzufallen.

Fehlerquelle Stockführung

Hier wird die Hand beim Schwung nach hinten nicht geöffnet. Die Hand- und Armmuskulatur hat keine Entspannungsmöglichkeit. Das führt zu schneller, vorzeitiger Ermüdung. Uneffektiv ist außerdem, wenn die Stockarbeit in Körperhöhe abgebrochen wird. Außerdem hat dies Auswirkungen auf die Bewegungskoordination. Denn es stellt sich dann die Frage: Wohin mit dem Stock, wenn der Beinzyklus noch nicht beendet ist?

Links: Falscher Körperschwerpunkt.
Rechts: Die Hand muss beim Schwung nach hinten geöffnet werden.

Falsche Armhaltung und falscher Stockeinsatz

Wenn der Arm – wie auf diesem Bild – beim Beginn es Stockeinsatzes völlig gestreckt ist, schränkt man die Arbeitsmöglichkeiten des Ellbogengelenks ein und, was noch gravierender ist, die flüssige Bewegungskoordination wird gestört. Zudem können Verspannungen die Folge sein.

Häufig zu sehen ist auch, dass der Stock nicht parallel zur Spur sondern weit nach außen eingesetzt wird.

Richtig ist: Stock in Bindungshöhe parallel zur Spur einsetzen!

Bei Problemen mit der Stockführung sollten Sie die Stocklänge und die Einstellung der Handschlaufe nochmals überprüfen.

Passgang und falscher Laufrhythmus

Für den Neuling ist die Arm-/Bein-Koordination anfangs manchmal etwas schwierig. Beim so genannten Passgang bewegen sich der rechte Arm und das rechte Bein und umgekehrt der linke Arm und das linke Bein in die gleiche Richtung.

Die Probleme entstehen manchmal gerade dann, wenn sich ein Läufer zu stark auf die Korrektur von Details konzentriert oder versucht, die Gleitbewegung bewusst zu verlängern. Als Korrekturmöglichkeit bieten sich häufiges Laufen ohne Stöcke und Diagonalschritt im leichten Anstieg an.

Checkliste – Diagonalschritt-Grundform

Mögliche Probleme	Lösungsvorschläge
Eisige Spur – kein Abdruck.	Neue Übungsloipe im unberührten Schnee anlegen, außerhalb der Spur laufen.
Ich habe Probleme mit der Koordination und laufe manchmal im »Passgang«.	Laufen Sie häufig ohne Stöcke und suchen Sie eine leicht ansteigende Spur, dort ist die Koordination leichter erlernbar.
Mir fehlt der kräftige Beinabdruck.	In einer ebenen Spur »Rollerfahren«, d.h. wechselseitiger mehrmaliger Abdruck mit einem Bein.
Bei mir fehlt die lockere Stockführung, die Hände und Arme ermüden schnell.	Die Hand öffnet sich, wenn der Arm bei der Bewegung nach hinten den Körper passiert. Stockschlaufen richtig einstellen!
Mir fehlt das nötige Gleichgewichtsgefühl.	Mit Übungen im Stand beginnen, das Gleiten auf einem Ski üben und häufiges Laufen ohne Stöcke trainieren.
Ich kann nicht auf einem Ski gleiten.	Der Körperschwerpunkt liegt zu weit hinten. Daran denken: mehr den Fußballen als die Ferse belasten. Keine »Sitzhaltung« beim Laufen!
Die Stockführung klappt nicht so richtig.	Stöcke nicht mit der Spitze nach vorne und nicht seitlich schräg einsetzen. Sie werden parallel zur Spur und in Bindungshöhe eingesetzt. Stocklänge und Einstellung der Stockschlaufen überprüfen!

Der Doppelstockschub – Grundlagen

Der Doppelstockschub ist nach dem Diagonalschritt die wichtigste Technikform. Im leicht abfallenden Gelände, oder bei sehr guten Gleitbedingungen in Flachstücken, wendet man den Doppelstockschub an. Die Muskelmasse der Arme ist zwar geringer als die der Beine, aber der längere Hebel der Arme – durch die Skistöcke – gleicht das aus.

Wird der Oberkörper beim Schub richtig eingesetzt, erreicht der Läufer eine höhere Geschwindigkeit als beim Diagonalschritt. Wenn Sie regelmäßig zwischen beiden Technikformen wechseln, erreichen Sie damit eine gleichmäßige Arbeitsverteilung für den ganzen Körper. Vorzeitige Ermüdungserscheinungen in den Beinen können vermieden werden. Es gibt wohl keine Sportart, die den Körper so gleichmäßig trainiert, wie der Skilanglauf. Der Doppelstockschub bringt während des Laufes auch eine deutliche Entspannung der Rückenmuskulatur.

1

2

Die Grundform des Doppelstockschubs

Der Doppelstockschub ist von allen Skilanglauf-Technikformen am leichtesten zu erlernen. Die Grundform unterscheidet sich von der sportlichen Variante in der Dynamik der Ausführung und in der Schubfrequenz. Im Doppelstockschub haben wir eine Schub- und eine Gleitphase.

1. Die Stöcke werden gleichzeitig zwischen Bindung und Skispitze eingesetzt.
2. Der Oberkörper beugt sich nach vorne. Die Arme »ziehen« den Körper an die Stöcke heran.
3. Die Hände passieren den Körper in Kniehöhe.
4. Aus dem »Ziehen« der Arme wird ein »Schieben«. Die Arme pendeln nach hinten und die Hände öffnen sich. Dann richtet sich der Oberkörper auf und die Arme schwingen wieder zügig nach vorne zum nächsten Stockeinsatz.

Der Weg zur Grundform

Der Körper ist bei Beginn des Stockschubs aufgerichtet. Die Stöcke werden in einem leicht spitzen Winkel eingesetzt und gehen dabei nie über die Senkrechte nach vorne hinaus. Am Schub sind nicht nur die Arme beteiligt sondern der gesamte Oberkörper. Die Hände werden tief geführt und öffnen sich, wenn die Arme beim Schwung nach hinten den Körper passiert haben.

➤ Am einfachsten ist der Doppelstockschub in leicht abfallendem Gelände zu üben. Kräftige Läufer können ihn auch in leichten Anstiegen bei eisigen Spuren anwenden.

➤ In den schneelosen Jahreszeiten wird meist viel zu wenig für den Oberkörper getan. Nutzen Sie die Langlaufsaison für ein Training der Arm-, Brust- und Rückenmuskulatur durch häufige Anwendung des Doppelstockschubs.

Fehler beseitigen

Ungenügende Aufrichtung des Oberkörpers

Bei unzureichendem Aufrichten ist der Schub nicht kräftig genug und was noch wichtiger ist, die Rückenmuskulatur kann sich nicht optimal entspannen. Schmerzen in der Rückenmuskulatur sind eine mögliche Folge. Allerdings können auch zu kurze Stöcke die Ursache sein. Also: Stocklänge überprüfen. Häufig ist mit diesem beschriebenen Fehler

Checkliste – Doppelstockschub

Mögliche Probleme	Lösungsvorschläge
Der Doppelstockschub ist bei mir nicht sehr effektiv.	Überprüfen Sie zuerst die Stocklänge. Achten Sie darauf, dass der Stockschub nicht in Körperhöhe abgebrochen wird und dass eine tiefe Handführung den Arbeitsweg der Stöcke verlängert.
Ich bekomme Rückenschmerzen beim Doppelstockschub.	Das kann an einem unzureichenden Aufrichten des Oberkörpers am Ende der Schubphase liegen. Besonders die geraden Rückenmuskeln können sich dann nicht entspannen.
Meine Armkraft reicht nicht aus, um von dieser Technik zu profitieren.	Lassen Sie die Arme nicht alleine arbeiten. Der Oberkörpereinsatz über Arme/Stöcke trägt beim Doppelstockschub mindestens so viel zur Vorwärtsbewegung bei wie die Arme.
Mir geht es nicht um die Geschwindigkeit. Warum soll ich diese Technik überhaupt anwenden?	Die einseitige Anwendung des Diagonalschritts kann zur vorzeitigen Ermüdung führen. Gerade die Möglichkeit des Technikwechsels kann für müde Beine eine willkommene Erholungspause darstellen.
Ich bekomme Rückenschmerzen beim Diagonalschritt.	Zur Entlastung und Entspannung sollten Sie häufiger auf den Doppelstockschub wechseln. Besonders bei guten Gleitbedingungen oder leichten Abfahrten.

Oben links: Ungenügende Aufrichtung des Oberkörpers.

Oben rechts: Sitzhaltung.

auch ein zu früher Abbruch des Stockschubs verbunden. Hierbei endet der Schub, wenn die Arme den Körper erreicht haben. Die Hebelwirkung der Stöcke wird dann viel zu wenig ausgenutzt. Also: Nach jedem Schub den Oberkörper vollständig aufrichten.
In einer leicht fallenden Spur kann die Doppelstocktechnik auch vom Neuling sehr schön trainiert werden.

Die Hände werden nicht tief genug geführt

Bei einer zu hohen Handführung passieren die Hände den Körper in Hüfthöhe. Damit kann der lange Stockhebel nur unzureichend ausgenutzt werden. Häufig ist dieser Bewegungsablauf auch mit einer zu starken Beugung im Ellenbogengelenk verbunden.

Sitzhaltung in der Endphase des Schubs

Dieses »Absitzen« in der Endphase des Schubs sollte nach Möglichkeit vermieden werden. Das tiefe Sitzen geht auf Kosten der Beinkraft und führt zu schnellerer Ermüdung. Besser ist es, wenn in dieser Phase die Knie nur leicht gebeugt sind und der Oberkörper nach Möglichkeit in eine fast horizontale Lage gebracht wird. Achten Sie am besten auf die Kniestellung, denn nur bei stark gebeugten Knien ist die falsche Sitzhaltung möglich.

Die Richtung ändern

Die großen Spurgeräte, die heute bei der Loipenpräparierung eingesetzt werden, sind auf Grund ihrer Dimensionen gar nicht in der Lage, enge Kurven zu fahren. So ist im Normalfall eine Richtungsänderung auch vom Neuling problemlos zu bewältigen. Aber in jeder Loipe gibt es Situationen, die eine Beherrschung dieser Techniken notwendig machen. Außerdem wird durch das Lernen der folgenden Bewegungsabläufe die Sicherheit auf Ski erhöht.

Das Bogenlaufen

Nicht zu enge Kurven in ebenem Gelände und leichten Anstiegen bewältigt man mit dieser Technik. Der Bewegungsablauf des Diagonalschritts wird beibehalten, aber die Skiführung verändert. So wird beim Gleitski mit verstärktem Kniedruck der Ski in die neue Richtung gelenkt. Der Außenski wird nach dem Abstoß hinten stärker abgehoben und dreht beim Vorschwung in die neue Richtung.
Eine gute Übung für Fortgeschrittene, ist das Laufen in einer selbstgezogenen Spur in Form einer »8«.

Das Bogentreten

Das Bogentreten oder Umtreten wird angewandt im ebenen und fallenden Gelände. Es verlangt und schult ein gutes Gleichgewichtsgefühl, denn hier ist eine deutliche Verlagerung des Körpergewichts von einem Ski auf den anderen erforderlich. Der bogenäußere Ski wird voll belastet, der innere Ski abgehoben, in die neue Richtung gedreht und sofort wieder belastet.
Je nach Laufgeschwindigkeit verlangt diese Technik eine rasche Reaktion. Der fortgeschrittene Läufer neigt den Oberkörper zudem nach innen. Die Reihenfolge dieser Schritte wird wiederholt, bis die Richtungsänderung vollzogen ist.

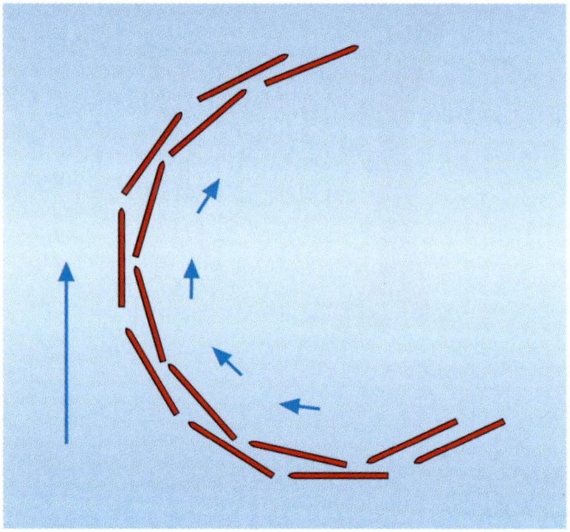

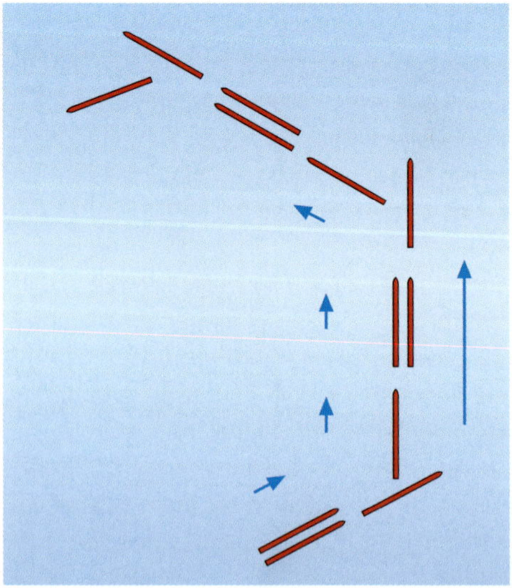

Üben können Sie das Bogentreten gut im ungespurten Gelände, wenn die Schneelage nicht zu hoch ist. Auch aus der Schrägfahrt an einem Hang kann man diese Technik leicht trainieren, wenn das Bogentreten bergwärts erfolgt.

Der Schlittschuhschritt (SSS)

Nicht nur den Namen hat diese Technik mit dem Eislauf gemeinsam. Die Schrittfolge ist mit dem Bewegungsablauf des Eisschnellläufers fast identisch. In einer Skatingspur oder auf einer harten Schneedecke können Sie diese Schrittart gut trainieren.

Links oben:
Spurbild Bogenlaufen.

Links unten:
Spurbild Bogentreten.

Unten:
Spurbild Schlittschuhschritt.

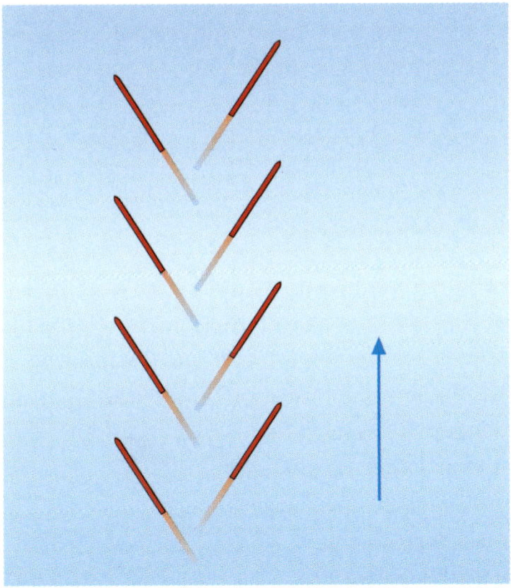

Eine hervorragende Übung zur Gleichgewichtsschulung sind Gewichtsverlagerungen von einem Ski auf den anderen und das Gleiten auf einem Ski.
Aus der Grundstellung wird der rechte Ski mit der Spitze nach außen geführt. Das Körpergewicht wird auf diesen Ski gelegt. Der Abdruck erfolgt durch leichtes Aufkanten des Skis, begleitet von einem Doppelstockschub. Der unbelastete linke Ski wird nun schräg nach außen geführt. Der Abstoß leitet eine Gewichtsverlagerung auf den linken Ski ein.

Wenn es bergauf geht

Skilanglauf spielt sich nicht nur im ebenen Gelände ab. Gerade der Wechsel zwischen den Geländeformen macht den Reiz dieser Sportart aus. Für den Neuling auf Ski stellen Anstiege allerdings oft ein Problem dar. Von der Steilheit des Anstieges hängt es ab, mit welcher Technik er bewältigt werden kann. Aber auch die Spurverhältnisse spielen eine wichtige Rolle.
Sind Anstiege nicht zu steil, können sie ohne weiteres im Diagonalschritt bewältigt werden. Bei schlechten Abdruckverhältnissen oder eisiger Spur ist eine andere Technik notwendig.

Der Grätenschritt

Der Läufer hinterlässt im Schnee bei Anwendung dieser Technik ein Muster, das den Gräten eines Fisches ähnelt. Die Ski werden zu einer V-Stellung geöffnet und Fuß- und Kniegelenke nach innen angewinkelt. Der Ski wird nicht mit der ganzen Fläche, sondern nur mit der Innenkante aufgesetzt. Die Stöcke werden stärker seitlich eingesetzt.

Der Treppenschritt

Es gibt Steigungen, die auf Grund der Steilheit oder Schneebeschaffenheit im Treppenschritt genommen werden. Die Ausführung ist relativ einfach. Wie auf einer Treppe steigen Sie seitlich den Hang hinauf. Die Ski werden stark aufgekantet.

Oben: Grätenschritt.
Unten: Treppenschritt.

Wenn es bergab geht

Den Neuling auf Langlaufski bringen Abfahrten oft in Verlegenheit. Auch für Alpinskifahrer sind die schmalen Ski und die fersenfreie Bindung ungewohnt. Noch ein paar wichtige Hinweise: Wenn Loipen nach Schwierigkeitsgraden markiert sind, sollten Sie als Neuling schwierige Strecken vermeiden und sich an die vorgegebene Laufrichtung halten.

Die Grundstellung beim Abfahren

Beide Ski werden beim Abfahren gleichmäßig belastet. Die Haltung ist locker und entspannt, die Knie leicht gebeugt. Die Arme werden seitlich und etwas nach vorne gehalten. Für den Neuling kommt nur die fast aufrechte, »hohe« Abfahrtsstellung in Frage. Die mittlere und tiefe Hocke bleiben dem Fortgeschrittenen vorbehalten. Aus der aufrechten Stellung können Sie am schnellsten auf Bodenunebenheiten reagieren. Die Stockspitzen zeigen nach hinten!

Die Fahrt abbremsen

Wer die Pflugtechnik beherrscht, kann beim Abfahren die größten Probleme meistern. Aus der aufrechten Abfahrtshaltung werden die Skienden auseinandergeschoben und aufgekantet. Das geschieht durch Zusammendrücken der Knie. In einer harten Spur können Sie die Technik variieren, indem Sie den halbseitigen Pflug anwenden. Ein Ski bleibt in der Spur, der zweite Ski fährt aus zum Pflug.

Oben: Grundstellung.
Unten: Pflugtechnik.

Fallen und Aufstehen

In der harten und eisigen Spur oder bei einer steilen Abfahrt, sollten Sie sich nicht genieren und auch mal die Ski ausziehen und neben der Spur zu Fuß absteigen. Ist ein Sturz nicht zu vermeiden, wählen Sie die »kontrollierte« Variante. Einfach seitlich rückwärts fallen lassen. Das Aufstehen bereitet manchen beträchtliche Schwierigkeiten. Die Ski rutschen immer wieder weg, besonders im abschüssigen Gelände.

Eine Möglichkeit des sicheren Aufstehens wollen wir Ihnen hier zeigen:

1. Die Ski quer zum Hang – sofern vorhanden – bringen, den Oberkörper bergwärts.

3

4

Dazu beide Beine strecken und die Ski parallel halten.

2. Die Hände und den Oberkörper zu den Skispitzen bewegen.

3. Beine anziehen. Mit den Händen abstützen und auf die Knie gehen.

4. Aufstehen und die Stöcke wieder in die Hand nehmen.

PRAXISTIPP

Üben Sie das Aufstehen nicht erst im Notfall, denn an einem steilen Hang ist das Lernen des Bewegungsvorgangs ungleich schwieriger.
Also diesen Bewegungsvorgang gleich von Anfang an einbauen.

Checkliste – Richtung ändern, Ansteigen, Abfahren

Mögliche Probleme	Lösungsvorschläge
Ich habe Probleme beim Bogenlaufen und Bogentreten.	Beide Techniken verlangen eine rasche Gleichgewichtsverlagerung von einem Ski auf den anderen. Häufig in kurzen Übungsspuren in Form einer »8« trainieren.
Ich habe Probleme beim Schlittschuhschritt.	Häufig ist die Fußstellung zu weit und der Ausstellwinkel zu groß. Bei zu weiter Skistellung ist die Gleichgewichtsverlagerung von einem Ski auf den anderen nicht mehr möglich und der Gleitvorgang ist praktisch beendet.
Ich rutsche beim Schlittschuhschritt seitlich weg.	Je nach Griffigkeit der Schneedecke muss stärker oder weniger stark aufgekantet werden.
Ich rutsche beim Grätenschritt zurück.	Bei diesem Problem kann der Skiwinkel zu klein sein oder es wird der Ski nicht genügend aufgekantet.
Was tun, um nicht nach vorne zu stürzen?	Frontalstürze können die Folge von zu großer Vorlage sein. Immer die Fersen beim Abfahren belasten und eine »leichte« Rücklage einnehmen.
Die Pflugstellung bremst bei mir nur unzureichend.	Die Stärke der Bremswirkung kann durch mehr oder weniger starkes Aufkanten der Ski gesteuert werden.
Warum sollen die Stockspitzen bei der Abfahrt nach hinten zeigen?	Stockspitzen, die nach vorne zeigen, erhöhen bei einem Sturz die Verletzungsgefahr.

Skilanglauf mit Kindern

Zuerst das »Warum« und dann das »Wie«! Also: Warum ist Skilanglauf für Kinder geeignet?
Da ist zunächst die Vorliebe der Sprösslinge für den Schnee. Herumtoben in der weißen Pracht. Die Langlaufausrüstung eignet sich bestens für den Bewegungsdrang: Sie ist leicht, Schuhe und Bindung lassen viel Bewegungsspielraum. Im Gegensatz zum alpinen Skilauf gibt es kein Frieren am Lift und die Familie kann den Winterspaß gemeinsam genießen. Aber: Der Witterung angepasste Kleidung ist wichtig.

Dass Skilanglauf der natürlichen Bewegungsform des Menschen entspricht, merkt man an Kindern. Wie schnell die Skizwerge einen sauberen Diagonalschritt auf die Ski zaubern, ist erstaunlich. Und der Trainingseffekt hinsichtlich Ausdauer, Kraft und Koordination ist hervorragend. Je nach körperlicher Konstitution können Kinder mit 5–6 Jahren mit dem Skilanglauf beginnen.
Zu guter Letzt noch zwei Gründe für den Skilanglauf mit Kindern: Wenn Schnee in unmittelbarer Nähe der Wohnung liegt, kann der Familien-Langlauf jedes Wochenende stattfinden (nicht nur im Winterurlaub). Und Sie sparen sich teure Liftkarten.

Spielerisches Üben, ohne Zwang, und mit Rücksicht auf das Leistungsvermögen.

Nun zum »Wie«. Eltern schrecken manchmal vor der neuen Investition für die Ausrüstung zurück, die ja in zwei Jahren schon nicht mehr passt. Eine Story von einer befreundeten Familie: Auf dem Wertstoff-Hof unserer Gemeinde fand die Mutter zufällig eine komplette Langlaufausrüstung, die dem achtjährigen Sohn auf Anhieb passte. Der Sohn läuft mit Begeisterung jetzt zusammen mit den Eltern.

Diesem Zufall kann man mit ein wenig Fantasie nachhelfen: Es gibt Internetbörsen, Zeitungen, die kostenlose Suchanzeigen aufnehmen, Skiclubs mit Langlaufabteilungen. Alles hervorragende Möglichkeiten, um nach gebrauchter Ausrüstung für Kinder zu suchen!

Kurze Übungseinheiten, am Anfang auf möglichst ebenem Gelände, erleichtern den Sprösslingen den Spaß an der Sportart zu finden. Gerade Kindern sollte man bereits zu Beginn die verschiedenen Fortbewegungsarten auf Langlaufski nahe bringen, damit sie nicht zu schnell körperlich und geistig ermüden.

Kurz noch zur Motivation: Zum Langlauf-Ausflug gehört natürlich ein Rucksack mit »Brotzeit« und Getränken. Am einfachsten ist es, dem Erlebnishunger der Kinder entgegenzukommen. Wir machen keine Skiwanderung, sondern wir gehen auf Jagd in Lappland, suchen besondere Wanderziele, bestimmen Tierspuren im Schnee. Aber: Wählen Sie nie

Papa, zeig mir, wie du das machst!

zu lange Strecken. Lustiges Abfahrtstraining oder Schlittenfahren können einen schönen Wintertag abschließen.

PRAXISTIPP

Bis Ihr Sprössling richtig Freude am Langlauf gefunden hat, sollten Sie auf der Tour möglichst viele Erlebnis-Stationen einbauen. In der Gruppe ist es auch zünftiger, als »nur« mit den Eltern zu laufen.

Nordic Cruising ohne Loipe

Eine Reihe von extrem schneearmen Wintern hat dazu geführt, dass der Touren-Langlauf (Nordic Touring) fast in Vergessenheit geraten ist. Dabei gehört diese Variante des Skilanglaufs zu den schönsten Formen.

Oder besser gesagt, diese Kombination aus Skilanglauf und alpinem Skitourenlauf hat eine enorme Spannweite. Nordic Touring ist möglich im Flachland, Mittelgebirge und im alpinen Gelände. Keine Form des Langlaufs ist so vielseitig. Ausdauer, Orientierungssinn, Umgang mit Karte und Kompass und die Beherrschung aller Geländeformen werden dabei verlangt und geschult. Nordic Touring kann bei 10 cm Schnee im Flachland ebenso ausgeführt werden, wie bei 1 m Schnee im gebirgigen Gelände. Eine echte Alternative zum alpinen Skilauf oder dem Laufen in großer »Gesellschaft« in präparierten Loipen.

Sie sind mit sich und der Natur allein, keine Drängelei auf der Piste oder in der Loipe. Allerdings wird von einem Läufer, der auf »Nordic Tour« ist, eine gehörige Portion Rücksichtnahme auf die Natur und wildlebende Tiere verlangt.

Im Flachland ist das Touren über Wiesen und Äcker kein Problem. In Wildschutzgebieten oder Naturschutzgebieten ist das Verlassen von Wegen oder gespurten Loipen zu vermeiden. Ebenso sind Futterstellen zu umgehen. In derartigen Schutzgebieten kann auch eine Tour auf geräumten oder ungeräumten Straßen sehr reizvoll sein. Man muss nicht unbedingt ins Gelände. Denn in strengen Wintern führt häufiges Aufscheuchen des Wildes nicht selten zu dessen Tod. Die Zuneigung zur Natur zeigt sich beim Nordic Touring besonders durch Rücksicht nehmen.

Die Ausrüstung

Es ist erstaunlich, wie vielfältig das Angebot an tauglichen Touring-Skimodellen und den dazu passenden Schuhen ist.

Die Ski

Im flachen oder leicht hügeligen Gelände kommt der Läufer mit einer normalen Langlaufausrüstung zurecht. Für den, der häufiger abseits der Loipe laufen will, gibt es Modelle, die in der Skimitte etwas breiter sind und weniger in den Schnee einsinken. Auch diese Ski sind deutlich kürzer als die bisher geläufigen Langlaufmodelle (Fischer – 164/174/184 cm).

Aber die angebotene Palette ist noch bedeutend größer. So gibt es mittelbreite Ski mit Nowax-Belag oder Wachsbelag, mit und ohne Stahlkanten, bis zu extra breiten Ski, die einem Alpin-Modell nahe kommen.

Abseits der Loipe.

Die Schuhe

Dazu kann der Interessent aus einer Palette von Spezialschuhen wählen, die extra für Nordic Touring konzipiert wurden. Sie ähneln mehr einem festen Wanderschuh und weisen einen hohen Schaft auf, der bei Abfahrten den Knöchel stabilisiert. Auch diese Schuhe passen in herkömmliche Langlauf-Bindungen.

Die Kleidung

Die Kleidung richtet sich nach dem Gelände und der Länge der Tour. Es eignet sich am besten die Kleidung, die Sie auch zu einer Bergwanderung anziehen würden. Unentbehrlich ist ein Rucksack mit trockener Unterwäsche, Ersatzpulli und ein zweites Paar Handschuhe (eventuell Fäustlinge). Eine zusätzliche Windjacke hat auch immer Platz und kann vor Unterkühlung schützen.

Was gehört sonst noch in den Rucksack? Heißer Tee in der Thermosflasche, Verpflegung, Wanderkarte 1:50.000, eventuell ein Kompass, Verbandszeug, Skiwachs, bzw. Gleitmittel für Nowax-Ski, Feuerzeug, Hautcreme.

Tipps für Nordic Touring

- Informieren Sie sich bei längeren Touren anhand einer Wanderkarte.
- In der Gruppe die Tourlänge und Geschwindigkeit dem schwächsten Teilnehmer anpassen.

- Die Ausrüstung auf die geplante Tour abstimmen.
- Zugefrorene Gewässer in unseren Breiten immer umgehen. Über Seen können Sie nur in Nordskandinavien gefahrlos wandern. Bei Einbruch ins Eis besteht durch die sperrigen Ski akute Lebensgefahr.
- Scheuen Sie sich nicht, bei gefährlichen Tourenabschnitten die Ski auch einmal ein Stück zu tragen. Falscher Ehrgeiz kann eine Tour auf unangenehme Weise beenden.
- Im alpinen Raum sind mögliche Lawinenzonen unbedingt zu meiden.

PRAXISTIPP

Eine Nordic Tour ist zwar anstrengend, soll aber Spaß machen. Berücksichtigen Sie bei der Tourenwahl nach Möglichkeit das Streckenprofil und die aktuelle Schneelage. Bei tiefem Neuschnee werden zwar die Abfahrten entschärft, aber es ist eine sehr gute Kondition nötig! Im Zweifelsfall eine kürzere Variante wählen.

Traumhafte Bilder bei einer Nordic Tour.

Skilanglauf klassisch – das Richtige für sportlich Ambitionierte

Wie der Name schon sagt, ist diese Lauftechnik einfach »klassisch«. Viele Läufer, die mit dem Langlauf beginnen, wenden nur die Skatingtechnik an. Sie ist leichter zu lernen und man hat schnellere Erfolge. Die sportliche Variante der klassischen Technik hat äußerlich zwar Ähnlichkeiten mit dem Bewegungsablauf des Skiwanderns, aber die Dynamik und der Kraftaufwand sind ungleich größer. Alle Technikformen verlangen ein hohes Maß an Koordinationsvermögen. Läufer, die klassisch und in der Skatingtechnik trainieren, profitieren enorm vom Wechsel der Technikformen.

Die Ausrüstung

Zunächst sollen Sie einen kurzen Überblick über die Ausrüstung erhalten.

Der Langlaufski

Die Auswahl auf dem Markt ist nach wie vor groß, obwohl sich einige Hersteller aus diesem Bereich zurückgezogen haben. Fischer, der Marktführer bei Langlaufski, ist bei den Renn- und Sportmodellen den eigentlich folgerichtigen Weg gegangen: Die Ski werden nach Gewichtsklassen angeboten, da die Qualität des Gleitens letztlich von der Abstimmung zwischen Skihärte und Körpergewicht entscheidend beeinflusst wird. So gibt es in der Sportkategorie pro Gewichtsklasse 2 Längen. In der Racingkategorie stehen dann noch unterschiedliche Härten zur Auswahl (soft, medium, stiff). Eine Gliederung, die viel Sinn macht und die individuelle Anpassung deutlich erleichtert. Insgesamt kann man sagen, dass in der Sport- und Racingkategorie die Ski um 10–15 cm kürzer gelaufen werden. Als Beispiel sei hier die Längenempfehlung für Langlaufski der Kategorie »Sport« der Firma Fischer angegeben.

Skilängen Kategorie »Sport«

Gewicht	Skilänge
80–89 kg	198, 203, 208 cm
75–79 kg	198, 203 cm
70–74 kg	193, 198 cm
65–69 kg	188, 193 cm
60–64 kg	188, 193 cm
55–59 kg	183, 188 cm

Die richtige Skihärte für mich

Um bei der Auswahl des Skis den richtigen Härtegrad zu bekommen, wird auch die herkömmliche »Papierstreifenmethode« angewandt (siehe Abbildung S. 52). Die Unterlage muss glatt und absolut eben sein. In vielen Sportgeschäften gibt es entsprechende Plat-

**Rechte Seite:
Perfektes Laufen und Gleiten im Diagonalschritt.**

SALOMON
FISCHER

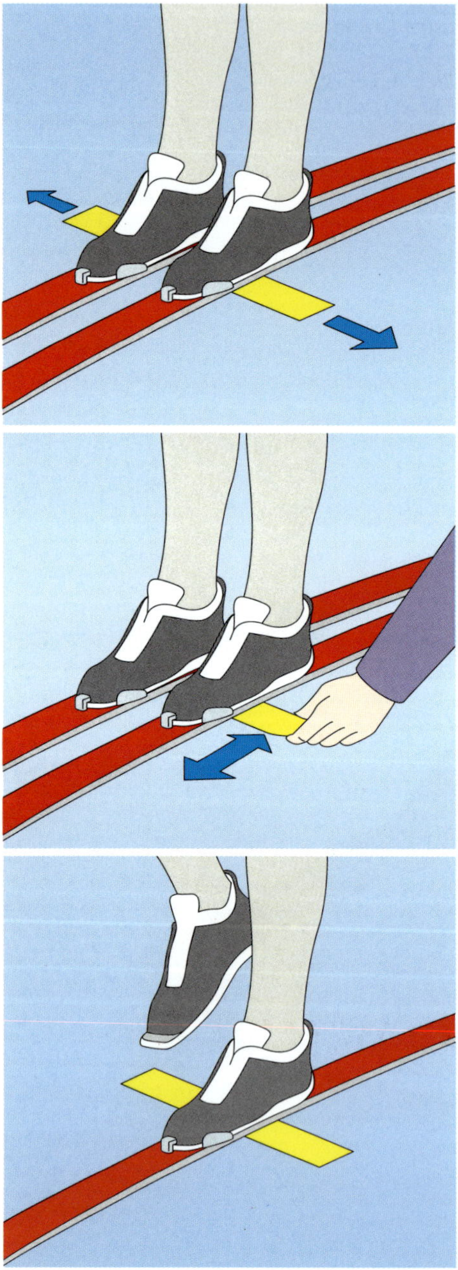

ten, die das gewährleisten. Der Läufer stellt sich auf die Testski und belastet beide Beine gleichmäßig. Ein stabiler Papierstreifen wird vor der Belastung unter den Bindungsbereich geschoben. Bei einer gleichmäßigen Belastung beider Ski soll sich dieses Papier ca. 15–25 cm vor die Bindung und ca. 5 cm hinter die Ferse bewegen lassen.
Wird ein Fuß angehoben und damit ein Ski mit dem gesamten Körpergewicht belastet, soll sich der Papierstreifen nur noch schwer hervorziehen lassen, aber nicht ganz festsitzen, denn die Abdruckkraft des Läufers kommt ja noch hinzu.

PRAXISTIPP

Läufer mit einem sehr kräftigen Fußabdruck wählen einen härteren Ski und Läufer, die einen sicheren Abdruck brauchen, und bisher häufig mit glatten Ski zu kämpfen hatten, wählen ein weicheres Modell.

Bindung und Schuhe

Am Markt gibt es nur noch zwei Bindungsmodelle (Salomon SNS und NNN), die eine hervorragende Seitenstabilität gewährleisten. Das ist besonders wichtig beim Skating, Abfahren und Schwingen. Bei den Schuhen ist das halbhohe Modell inzwischen Standard geworden. Es bietet einen besseren Knöchelschutz, besseren Halt und sorgt für wärmere Füße.

Der Papierstreifentest.

Langlaufstöcke

Neben dem Rudern ist Skilanglauf die einzige Sportart (mit technischem Gerät), die für die Vorwärtsbewegung Arme und Beine einsetzt.
Es gibt bei den Stöcken im wesentlichen drei Materialien: Aluminium, Fiberglas und Karbonfiber. Beim Fitness-Läufer kann der Geldbeutel über die Materialwahl entscheiden.
Sehr wichtig ist dagegen die Stocklänge, damit Sie die Technikformen optimal ausführen können.

Stocklänge

Wie im Teil Nordic Cruising beschrieben, gilt auch hier die Formel 79–85 % der Körpergröße, das heißt, die Stöcke gehen bis unter die Achselhöhle oder können Schulterhöhe erreichen.
Diese Kriterien kommen bei der Wahl der Stocklänge hinzu:
1. Kraft: Wenn Sie über große Oberkörper- und Armkraft verfügen, wählen Sie etwas längere Stöcke.
2. Lauftechnik: Als Neuling verwenden Sie etwas kürzere Stöcke.
3. Strecke: Wenn Sie häufig auf flacheren Strecken trainieren, wählen Sie längere Stöcke.
Zu lange Stöcke behindern grundsätzlich die Armarbeit, zu kurze stören den Laufrhythmus.

Kleidung

Bitte lesen Sie die Hinweise, die im Teil Nordic Cruising bereits beschrieben worden sind. Gerade für sportliche Läufer ist das Thema »Wollunterwäsche« interessant, weil hierzu eine einmalige Studie mit Testläufern durchgeführt wurde (siehe Seite 13).

Ausrüstung für den klassischen Langlauf.

Schnellkurs Wachsen – Haftwachs

Wenn Sie nicht mit einem Nowax-Ski laufen, müssen Sie sich mit diesem Thema kurz auseinandersetzen. Das Haftwachs übernimmt bei einem Wachsski die Funktion eines Nowax-Belages (Schuppen, Stufen). Die Haftwachszone in der Skimitte wird mit dem für die jeweilige Schneeart richtigen Wachs präpariert. Die Gleitwachszone – Schaufel bis zur vorderen Skimitte und hinter der Ferse – wird wie ein Skatingski mit Gleitwachs präpariert. Das Vorgehen beim Wachsen der Gleitwachszone finden Sie im Skatingteil (siehe Seite 77).

Was benötigen Sie zum Wachsen mit Haftwachs?

Hier werden nur die Utensilien beschrieben, die Sie für die Haftwachszone benötigen. Für die Gleitzonen wird das Material unter »Wachsen von Skatingski« aufgeführt. Sie benötigen folgende Materialien:

- 1–2 Kunststoffwachsklötze (statt Wachskork) zum Verreiben des Hartwachses.
- 1 Metallspachtel (skibreit) zum Abspachteln des Haftwachses und Verteilen des Klisters.
- 1 Luft-/Schneethermometer, Schleifpapier Körnung 80 und 120 zum Aufrauen der Wachszone.

Checkliste – Das richtige Wachs finden

Was muss ich checken?	Warum ist das wichtig?
1. Welche Schneestruktur ist vorhanden?	Bei kristallinem Schnee, trockenem oder mäßig feuchtem Pulverschnee: Hartwachs verwenden. Bei grobkörnigem Altschnee und nassem Schnee: Klister auftragen.
2. Lufttemperatur in 1 m Höhe und dann 10 cm über dem Boden messen. (Nicht in der Sonne!)	Die Wachswahl wird entscheidend mitbestimmt durch diesen Wert. Welches Wachs zu welcher Temperatur passt, wird von jedem Hersteller auf der Packung angegeben.
3. Schneetemperatur 2 cm unter der Schneeoberfläche.	Diese wird mit der Lufttemperatur verglichen – das Temperaturmittel nehmen.
4. Spurbeschaffenheit?	Feste, harte Spur: Härteres Wachs wählen. Weiche, lockere, mehlige Spur: Wachszone verlängern oder weicheres Wachs verwenden.
5. Luftfeuchtigkeit abschätzen (hoch, normal, niedrig).	Hohe Luftfeuchtigkeit: Wärmeres Wachs wählen. Geringe Luftfeuchtigkeit: Härteres Wachs wählen.
6. Schneefeuchtigkeit prüfen – in den Schnee greifen.	Hängt mit der Luftfeuchtigkeit zusammen. Trockener Schnee – kein Schneeball. Feuchter Schnee – leicht ein Schneeball zu formen. Nasser Schnee – Schneeball tropft.
7. Temperaturentwicklung? Wettervorhersage!	Wird es wärmer, kälter oder bleibt es konstant? Eventuell Wachs zum Nachwachsen mitnehmen.

- Eventuell eine Handreinigungspaste.
- Wachskoffer oder Wachstasche.
- Etwa 5 Hartwachse und 2–3 Klister mit einem breiten Temperaturbereich.

Die Hartwachse:

Grün – sehr hart
Blau – hart
Violett – mittel
Rot – weich
Gelb – sehr weich

Die Klisterwachse:

Blau – hart
Violett – mittel
Rot – weich
(Achten Sie aber auf die Angaben des jeweiligen Herstellers.)

Wachsen mit Hartwachs

1. Ideal ist es, bei beständigem Wetter, wenn Sie die Ski zu Hause wachsen können. Das funktioniert nur, wenn wir ziemlich genau über Schnee- und Temperaturverhältnisse Bescheid wissen. Die Gleitzonen werden auf alle Fälle zu Hause präpariert. Wenn notwendig, wird die Wachszone mit Schleifpapier 120 leicht angeraut. In Längsbewegungen wird das Hartwachs gleichmäßig aufgetragen. Das weiche Wachs (Rot, Gelb) tupfen Sie mit leichtem Druck und einer Drehbewegung auf, sonst wird der Auftrag zu ungleichmäßig.
2. Das Wachs verreiben Sie unter Druck mit dem Wachsklotz. Die gesamte Haftwachszone muss mit einer gleichmäßigen, glatten Wachsschicht bedeckt sein. Ungleichmäßig aufgetragenes Wachs führt zu schlechten Resultaten, vermindert die Gleitfähigkeit und kann zu Vereisungen/Schneestollen führen.

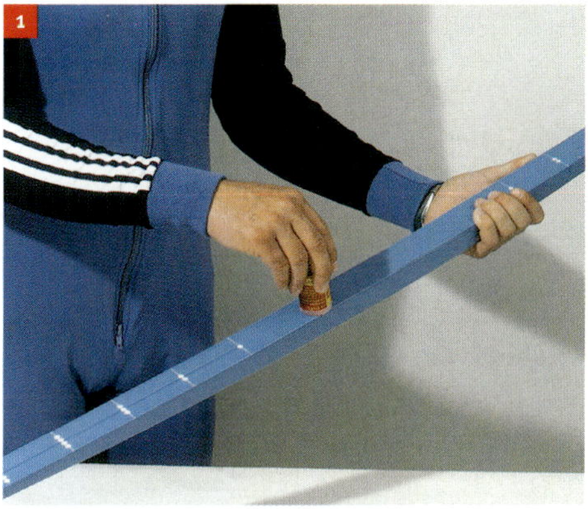
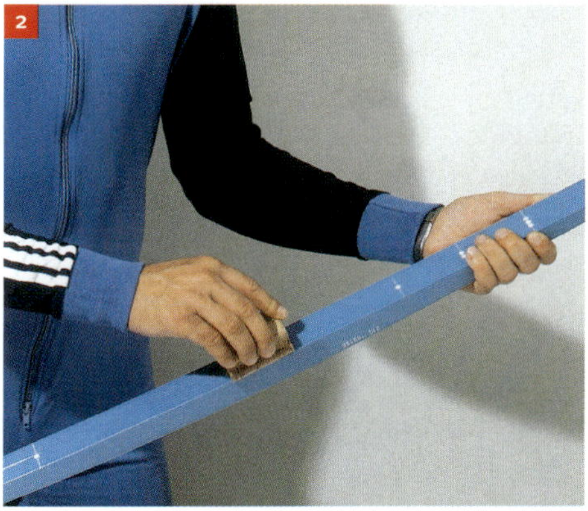

3. Eine härtere Wachsschicht kann bereits zu Hause mit dem Bügeleisen (niedrigste Einstellung) eingebügelt werden. Die Schicht wird abriebfester und schneller. Darauf kann eine weitere Hartwachsschicht aufgetragen und mit dem Klotz verrieben werden.

Wachsen mit Klister

In einem warmen Raum lässt sich Klister besser auftragen und auf dem warmen Belag erzielt man eine besser Haftung. Die bereits mit Gleitwachs auf den Gleitzonen präparierten Ski werden im Bereich der Haftwachszone mit Schleifpapier 80 oder 120 aufgeraut.

1. Den Klister rechts und links von der Laufrille gleichmäßig auftragen (nicht zu dick).

2. Mit einem Spachtel gleichmäßig verteilen. Der Klister sollte nicht in die Laufrille gelangen!

3. Wollen Sie Klister bei Kälte im Freien auftragen, wärmen Sie die Klistertube am Körper und tragen Sie den erwärmten Klister dann abschnittsweise auf. Notfalls verteilen Sie ihn mit der sauberen, warmen Hand.

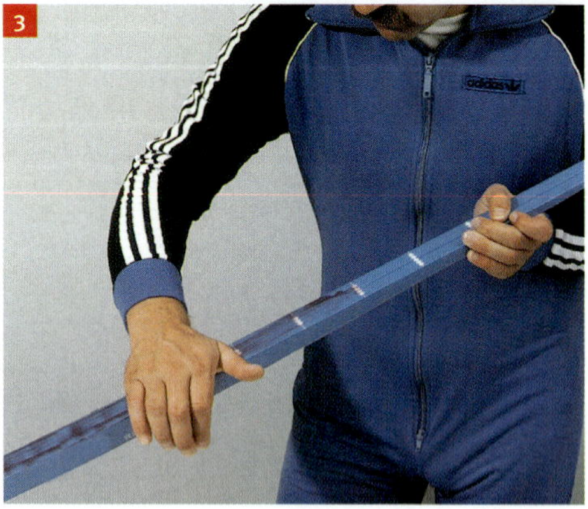

PRAXISTIPP

Besonders beim Wachsen mit Klister sollten Sie sehr genau zu Werke gehen. Ungleichmäßig aufgetragener Klister kann zu Eisbildungen führen. Mit einer ganz dünnen Klisterschicht beginnen und, wenn nötig, unter der Bindung noch etwas nachwachsen. Zu dicke Klisterschichten müssen mühsam mit dem Spachtel abgekratzt werden!

Der Diagonalschritt

Für den Fitness-Läufer ist und bleibt der Diagonalschritt die wichtigste Technik, die dem Bewegungsablauf des Skiwanderers ziemlich ähnlich ist, aber ungleich dynamischer ausgeführt wird. Die klassische Technik ist vielseitiger anwendbar als die Skatingtechnik. Sie ist nicht an eine präparierte Piste gebunden und die Laufgeschwindigkeit, besonders im hügeligen Gelände ist variabler zu gestalten. Jeder Skater kann vom Diagonalschritt nur profitieren, denn diese Technik schult die Koordinationsfähigkeit in hohem Maße.

Der Ablauf des Diagonalschritts:

1. Grundstellung, die Füße befinden sich beim Gleitvorgang fast auf gleicher Höhe.
2. Der Abdruck beginnt als explosive Streckung aus dem Fuß-, Knie- und Hüftgelenk.
3. Der Beinabdruck ist beendet. Das Körpergewicht wird auf das Gleitbein verlagert.
4. Gleitphase auf einem Bein.
5. Der Stockeinsatz beginnt mit der Zugphase des Arms und gleichzeitig findet die Schwungphase des Beins nach vorne statt.
6. Das vorschwingende Bein wird knapp hinter dem Gleitbein aufgesetzt.

Die Abdruckphase

Der Moment vor dem Abdruck wird auch »Druckpunktnehmen« genannt. Der Abdruck wird eingeleitet durch ein leichtes Beugen des Abdruckbeins. Diese Phase ist entscheidend für den Vortrieb, die Geschwindigkeit des Läufers. Gefühlvoller, kräftiger Abdruck bringt die beste Verzahnung des Haftwachses mit der Schneeoberfläche. Läufer, die nur mit »roher Kraft« abdrücken, werden leicht mit dem Ski nach hinten rutschen. Damit verpufft ein Großteil der eingesetzten Energie.
In dieser Phase muss der Körperschwerpunkt vor die Beine des Läufers gebracht werden. Die Hüfte befindet sich vor einer gedachten Senkrechtlinie durch das Fußgelenk. Der kräftige Abdruck endet mit einer Streckung des Beins. Eine übertriebene Hoch-/Tiefbewegung des Oberkörpers sollten Sie in der Abdruckphase in jedem Fall vermeiden.
Bei unzureichender Abstoßhaftung, also zu glatten Ski, muss der Läufer seine Technik anpassen. Die Neigung des Oberkörpers nach vorne wird etwas zurückgenommen, er läuft aufrechter und gleichzeitig muss die Schwungphase des Beins nach hinten verkürzt werden. Dies ergibt eine höhere Schrittfrequenz.

Die Gleitphase

Die Abdruckphase ist beendet, wenn der Abdruckski vom Schnee abhebt. Die Gleitphase wird kurzzeitig ohne Stockeinsatz ausgeführt und weitergeführt mit Stockeinsatz. Das Gleiten wird eingeleitet von einer Gewichtsverlagerung des Körpers auf den Gleitski. Der Läufer gleitet auf einem nur leicht gebeugten Bein, denn dabei ist der Gleitvorgang kraftsparender als mit einer starken Beugung im Kniegelenk. Die Gleitphase verlangt vom Läufer ein ausgeprägtes Gleichgewichtsgefühl. Die saubere Gewichtsverlagerung ist ein enorm wichtiger Bestandteil einer guten Lauftechnik und nur dadurch wird ein entspanntes Gleiten auf einem Ski möglich.

Die Schwungphase des Beins

Die Schwungphase des Beins wird in einen passiven und einen aktiven Teil gegliedert. Die passive Phase entsteht durch die Wucht des Abdrucks – das Bein pendelt nach hinten aus und die Muskulatur kann sich entspannen. Die aktive Phase hat an der Vorwärtsbewegung des Läufers einen beachtlichen Anteil.
Sie unterscheidet den durchschnittlichen Läufer vom Könner. Bei fast durchgestrecktem Knie des Gleitbeins wird das Schwungbein regelrecht nach vorne geschleudert. Untersuchungen haben ergeben, dass zwischen falscher und richtiger Ausführung ein Unterschied an zurückgelegtem Weg von 0,2 m/Sek. besteht.

Mangelhaftes Gleichgewichtsgefühl – Falscher Körperschwerpunkt

Liegt der Körperschwerpunkt zu weit hinten, muss der Fuß zu früh in die Spur gesetzt werden. Damit wird der Gleitvorgang abgebrochen und die Energie für die Vorwärtsbewegung geht verloren. Achten Sie bewusst auf den Körperschwerpunkt: Fußballen stärker belasten als die Fersen!

Viele Läufer glauben, dass durch ein alleiniges Vorneigen des Oberkörpers der Körperschwerpunkt nach vorne gebracht werden kann. Das ist häufig falsch, weil der »Po« damit meist zu weit hinter dem Gleitbein ist.

Also: Hüfte nach vorne bringen und dann erst den Oberkörper abwinkeln.

Der richtige Stockeinsatz

Wenn Sie sich die Bilder auf der linken Seite betrachten, erkennen Sie, dass der Stockeinsatz sehr schön mit der Beinarbeit zusammenspielt. Deshalb ist es wichtig, die Arme optimal zu führen. Der Stock darf nicht zu weit außen eingesetzt werden, denn dadurch ergibt sich eine schlechtere Bedingung für die arbeitende Muskulatur.

Beim Laufen außerdem darauf achten, dass die Hände nicht vor die Brust schwingen. Ein seitliches Ausschwingen der Hand – bei der Bewegung nach hinten – ist ebenfalls zu vermeiden, um andere Läufer nicht zu gefährden. Die parallele Armarbeit kann man auch sehr gut »trocken« üben.

Arm- und Stockarbeit

Die Arm- und Stockarbeit hat beim Diagonalschritt eine große Bedeutung. Die Muskelmasse der Beine ist zwar größer als die der Arme, aber der Arbeitsweg der Stöcke ist länger. Zur Armkraft setzen Sie bei richtig ausgeführter Technik auch die Kraft der Oberkörpermuskulatur ein. Die Armbewegung verläuft parallel zur Spur und die Stöcke werden knapp neben der Loipe eingesetzt. Die Stockschlaufen müssen richtig eingestellt sein. Nur dann ist beim Auspendeln des Arms nach hinten ein Öffnen der Hand bei gleichzeitig guter Stockführung möglich. Der Stock wird beim Auspendeln nach hinten nur zwischen Daumen und Zeigefinger geführt. Wenn der Stockgriff beim Vorschwung den Körper passiert, schließt sich die Hand wieder und umfasst den Stockgriff. Rennstöcke gibt es mittlerweile mit Schlaufen, die einem Handschuh ohne Fingerteil ähneln, und eine noch bessere Stockführung erlauben.

Oben:
Handhaltung bei Beginn des Stockeinsatzes.
Unten:
Öffnung der Hand bei Beendigung des Stockschubs.

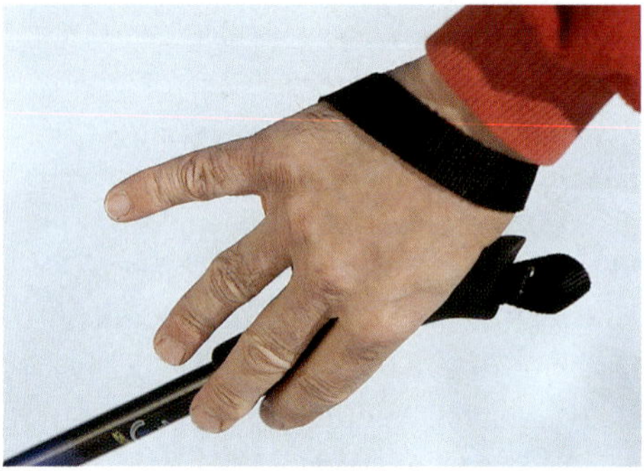

PRAXISTIPP

Das Loslassen des Stockknaufs und das Schließen der Hand beim Vorschwung kann sehr gut »trocken« im Stand geübt werden. Sie bekommen dann allmählich ein Gefühl für dieses rhythmische Öffnen und Schließen der Hand. Dieses scheinbar unwichtige Detail hat enorme Auswirkungen auf die gesamte Armarbeit und damit auf die Lauftechnik.

Der Diagonalschritt im Anstieg

Im Anstieg wird mit zunehmender Steilheit die Gleitphase immer kürzer und die Abdruckphase länger. Auch der Arbeitsweg der Stöcke verkürzt sich entsprechend. Eine »Sitzstellung« mit weit hinten liegendem Körperschwerpunkt sollten Sie in jedem Fall vermeiden. Wie in der Ebene müssen der Oberkörper und die Hüfte nach vorne gebracht werden. Allerdings entsteht dann ein Winkel, der den Abdruck verschlechtert. Bei zu glatt gewachsten Ski ist der Winkel der Oberkörper- und Hüftvorlage entsprechend anzupassen.

Perfekte Körperhaltung, Arm- und Beinarbeit.

Schrittsprünge im Anstieg

Bei dieser Technikvariante im Anstieg wird das Abdruckbein durch ein Vorschieben des Unterschenkels nach vorne gestreckt. Durch das Vorschieben des Abdruckbeins wird der Abdruckwinkel zur Steigung vergrößert und damit die Haftreibung und der Abdruck verbessert.

Dabei winkelt der Läufer den Oberkörper stärker ab, die Hüfte wird jedoch nach vorne gebracht, um eine Sitzstellung zu vermeiden. Der Abstoß mit dem Stock ist besonders kraftvoll und unterstützt die Bewegung des Oberkörpers und der Hüfte nach vorne. Bei glatten Ski muss die Schrittfrequenz kürzer sein, um nicht zurück zu rutschen.

PRAXISTIPP

Diagonalschritt im Anstieg mit »griffig« gewachsten Ski trainieren!

Checkliste – Diagonalschritt

Mögliche Probleme	Lösungsvorschläge
Ich habe optimal gewachst, rutsche aber immer nach hinten weg.	Skihärte überprüfen (siehe Ausrüstung) und früher und explosiver abdrücken (nach unten – nicht nach hinten).
Die Ski sind etwas glatt, ich rutsche nach hinten weg.	Nachwachsen und den Abdruck kontrollierter nach unten ausführen. Eventuell die Abdruckphase verkürzen.
Meine Gleitphase ist zu kurz.	Der Körperschwerpunkt muss über dem Gleitbein sein. Gewicht ganz auf den Gleitski bringen. Gesäß und Hüfte nach vorne bringen.
Ich habe keinen aktiven Beinvorschwung.	Das nach hinten auspendelnde Bein abbremsen und kraftvoll nach vorne schwingen ohne dass der Unterschenkel angehoben wird. Ganz bewusst üben!
Unvollständige Beinstreckung beim Abdruck.	Ski so wachsen, dass ein guter Abdruck möglich ist und die Abdruckphase bewusst verlängern. Körperschwerpunkt (Hüfte, Gesäß) nach vorne bringen!
Meine Oberschenkelmuskulatur ermüdet schnell.	Eventuell sind die Knie zu stark gebeugt. Hüfte und Gesäß nach vorne bringen und die Knie mehr durchstrecken, nicht so stark anwinkeln.
Ich führe die Stöcke in einem Bogen und setze zu weit außen ein.	Die Hand beim Vorschwung nicht vor die Körpermitte führen, sondern parallel zur Loipe. Die Armbewegung beim Laufen ohne Stöcke trainieren!
Meine Diagonalbewegung ist unharmonisch.	Weniger Kraft einsetzen und häufig locker ohne Stöcke laufen.

Rechte Seite:
Gleiten durch die Winterlandschaft.

Der Doppelstockschub

Wettkämpfer in der klassischen Technik wenden heute den Doppelstockschub häufiger an als den Diagonalschritt. Das härtere und athletischere Training bringt diese Verschiebung mit sich. Aber auch der Fitness-Läufer wird auf Grund des verbesserten Skimaterials und der besseren Loipenpräparierung diese Technik öfter einsetzen.
Außerdem bringt ein Wechsel vom Diagonalschritt auf den Doppelstockschub eine Entspannung für die Rücken- und Beinmuskulatur. Ein steter, dem Gelände angepasster Technikwechsel sorgt immer für Erholungsphasen der jeweiligen Muskelgruppen und hilft, längere Strecken ermüdungsfrei zurückzulegen.

1. Der Oberkörper ist aufgerichtet, die Arme schwingen nach vorne zum nächsten Stockeinsatz.

2. Der Stockeinsatz erfolgt immer in einem Winkel – kleiner als 90° – nach hinten, denn erst wenn die Stockspitzen nach hinten zeigen, kann ein wirkungsvoller Arbeitseinsatz beginnen.

3. Der Läufer bringt den Oberkörper und die Hüfte so weit es geht nach vorne. Der Körperschwerpunkt liegt bei Beginn der Zugphase vor den Füßen.

4. Oberkörper und Arme arbeiten gemeinsam. Der Läufer »zieht« sich an die Stöcke heran. Die Arme sollten in dieser Phase nicht zu stark angewinkelt werden.

5. Der Oberkörper hat seine tiefste Stellung eingenommen. Bei optimaler Stockführung passieren die Hände den Körper unterhalb der Knie.

6. Der Rumpf richtet sich auf, die Ski gleiten parallel und der Bewegungszyklus beginnt wieder wie auf Abbildung 1.

Die häufigsten Fehler

- Der Oberkörper wird zu wenig in die Doppelstockarbeit einbezogen (siehe Abbildung 2), die den richtigen Einsatz zeigt.
- Die Stockarbeit wird zu früh beendet und ist damit uneffektiv.
- Bei der Schubphase passieren die Hände den Körper oberhalb der Knie oder in Kniehöhe. Der Arbeitsweg der Stöcke wird dadurch deutlich verkürzt.

4

3

Doppelstockschub mit Zwischenschritt

Diese Kombination aus Doppelstockschub und Diagonalschritt ist nicht ganz einfach zu erlernen, da an das Bewegungsgefühl und das Koordinationsvermögen hohe Anforderungen gestellt werden. Diese Technik ist sehr wirkungsvoll, wenn sie richtig ausgeführt wird. Sie wird hauptsächlich angewendet, wenn die Strecke für den Diagonalschritt zu schnell ist, oder wenn die Armkraft für den Doppelstockschub nicht mehr ausreicht. Und sie ist ganz einfach eine sehr interessante Technikvariante, die Spaß macht.

1. Mit dem Abdruckbeginn schwingen beide Arme nach vorne.
2. Wichtig ist, dass vor Beginn des Doppelstockschubs der Oberkörper möglichst weit nach vorne gebracht wird. Der Läufer muss regelrecht in die Stöcke »fallen«. Nur so kann das Gewicht des Oberkörpers den Schub wirkungsvoll unterstützen. Diese Phase ist für manche Läufer schwierig, da sich das Abdruckbein und beide Stöcke in der Luft befinden.
3. Die Schwungphase des Beins nach vorne (siehe Diagonalschritt) und der Beginn des Doppelstockschubs fallen zeitlich zusammen.

4. Der Oberkörper geht fast in die waagrechte Position und die Hände passieren den Körper in möglichst tiefer Stellung.
Durch »Trockenübungen« ohne Ski kann dieser Bewegungsablauf sehr gut simuliert werden: Auf beiden Beinen aufrecht stehen, die Arme seitlich am Körper halten. Aus dieser Stellung schwingen zeitgleich die beiden Arme nach vorne und das Abdruckbein nach hinten. Sie stehen dann balancierend auf einem Bein. Der Oberkörper klappt nach vorne/unten und der Fuß schwingt nach vorne und wird neben dem Standbein wieder aufgesetzt. Je häufiger Sie diese Trockenübungen ausführen, umso eher klappt die Technik auf Ski.

PRAXISTIPP

Bei etwas glattem Ski beginnt der Abdruck früh und wird senkrecht nach unten ausgeführt. Dadurch wird eine bessere Skihaftung erreicht.

Richtung ändern, ansteigen, abfahren

Das Bogenlaufen/Bogentreten ist im ersten Teil des Buches beschrieben. Das passive Bogentreten wird ohne Stockeinsatz bei hoher Geschwindigkeit zum Beispiel am Ende einer Abfahrt angewendet. Der Innenski wird dabei entlastet und der Außenski beigezogen. Die Bogentretschritte müssen manchmal sehr rasch erfolgen; hohe Bewegungsfrequenz ist wichtiger als kräftige Beinabstöße. Beim beschleunigten Bogentreten mit Stockeinsatz erfolgt kein Abdruck vom Innenski. Diesen führt man mit dem Außenski und gleichzeitigem Stockeinsatz aus.

Spurwechsel im Schlittschuhschritt

Während der Anfänger die Spur noch mit parallelen Seitschritten wechselt, macht der Könner dies in voller Fahrt mit einem ausfahrenden Schlittschuhschritt hinüber in die andere Spur, oft durch einen Doppelstockschub unterstützt. Sobald der ausfahrende Ski die neue Spur gekreuzt hat, wird der Abstoßski aus der alten Spur beigezogen und in die neue Spur gesetzt, belastet und anschließend der ausgescherte Ski beigedreht und ebenfalls in die neue Spur gesetzt.

Ansteigen im Grätenschritt

Den normalen Grätenschritt finden Sie im ersten Teil des Buches. Hier soll die sportliche Variante beschrieben werden: Der Diagonalgrätenschritt. Dabei wird die Diagonalbewegung solange es geht beibehalten.
Das sieht so aus: Sie laufen an einen Anstieg im Diagonalschritt heran und passen den Ausstellwinkel der Ski an die Steilheit des Anstieges an. Dabei werden die Ski anfangs nur wenig, dann immer mehr gekantet. Die Gleitbewegung der Ski wird solange es geht beibehalten. Erst im steilen Anstieg gehen Sie in den normalen Grätenschritt über.

Abfahren mit Langlaufski

Die Grundtechniken finden Sie im ersten Teil des Buches. Der sportliche Läufer wird die Abfahrtshaltung wählen, die dem Gelände und seinen technischen Fähigkeiten entspricht. Die »tiefe Abfahrtsstellung« ist ein guter Kompromiss zwischen Geschwindigkeit, Erholung und Sicherheit beim Abfahren. Die Ski werden gleichmäßig belastet, die Stöcke entweder unter die Arme genommen oder Sie halten die Hände etwas seitwärts nach vorne. Der Oberkörper ist stark abgewinkelt. In dieser Position haben Sie die Möglichkeit auf schlechte Spuren oder Bodenunebenheiten rasch zu reagieren. Bodenunebenheiten werden durch stärkeres Beugen der Knie ausgeglichen.

Checkliste – Doppelstockschub

Mögliche Probleme	Lösungsvorschläge
Der Stockeinsatz erfolgt bei mir über die Senkrechte hinaus nach vorne.	Stocklänge überprüfen, vielleicht sind die Stöcke zu kurz. Vor dem Stockeinsatz den Stockknauf fester in die Hand nehmen.
Der Doppelstockschub ist bei mir nicht sehr wirkungsvoll.	Vielleicht beugen Sie den Oberkörper nach vorne ohne den nötigen Krafteinsatz auf die Stöcke. Sie müssen sich trauen, den Oberkörper nach vorne zu bringen und das ganze Gewicht auf die Stöcke zu legen.
Die Oberschenkelmuskulatur ermüdet zu schnell.	Nicht nach hinten »absitzen« beim Schub, sondern auf fast gestreckten Beinen gleiten.
Ich habe Probleme mit der Bewegungskoordination beim Doppelstock mit Zwischenschritt.	»Trockenübungen« wie beschrieben machen. In einer leicht fallenden Spur den Bewegungsablauf ruhig, langsam, ohne Krafteinsatz üben, damit diese komplizierte Phase des Streckens – beide Arme vorne, der Abdruckski hinten – und des »Zusammenklappens« richtig eingeübt wird.
Meine Armkraft reicht nicht aus.	Häufiger zwischen den einzelnen Technikformen wechseln – Diagonalschritt/Doppelstockschub. In der schneelosen Jahreszeit Oberkörper und Arme bewusst trainieren. Das Gewicht des Oberkörpers in den Schub miteinbeziehen (siehe oben).

Skatingtechnik – die Fortbewegungsart für Fortgeschrittene

Seit mehr als tausend Jahren bewegen sich die Schlittschuhläufer mit der seitlichen Beinabstoßbewegung fort. Skiläufer haben auf harter Schneeoberfläche oder auf gefrorenen Seen die Schlittschuhschritttechnik angewendet. Doch in den schmalen und meist weichen Langlaufloipen war gar nicht an Schlittschuhschritte zu denken. Erst mit den modernen und breiten Pistenpräparationsfahrzeugen ergab sich die Möglichkeit des seitlichen Abstoßes.

In der klassischen Langlauftechnik besteht immer noch die Schwierigkeit, für den Beinabstoß mit dem Haftwachs genügend Abstoßhaftung zu erzielen, ohne dass der Ski langsam wird. Oft sind die Ski zu glatt oder zu stumpf, oder das Wetter wechselt während des Laufs und nichts geht mehr.

Um dieses Problem zu umgehen begannen Spitzenvolkslangläufer ihre Ski nur noch mit Gleitwachs zu präparieren (wie Alpinski). Mit dem Doppelstockschub waren sie in der Ebene und leichten Anstiegen schneller und in steilen Anstiegen setzten sie den seitlichen Beinabstoß, später die ersten Formen der Skatingtechnik ein.

Sie hatten das Problem des Haftwachses gelöst, aber nicht erwartet, dass das Gleitwachsproblem viel größere Ausmaße annehmen würde, als das Haftwachsproblem je hatte. Heute ist die Skatingski-Präparation im Wettkampfsport zur ergebnisentscheidenden »Wissenschaft« geworden, mit nie geahntem zeitlichen und finanziellen Aufwand. Für Freizeit- und Fitness-Skater bleibt hingegen der Wegfall des Haftwachsproblems der große Vorteil der Skatingtechnik.

Nach jahrelangem Streit und Diskussionen über die Zerstörung der klassischen Laufspuren durch die Skater und vermeintliche gesundheitliche Schädigungen durch die »unnatürliche« Schlittschuhschrittbewegung, entschied die FIS (Internationaler Skiverband) ab dem Winter 1985/86 Langlaufwettkämpfe in Klassischer (Diagonalschritt) und in Freier Technik (Skatingtechnik) durchzuführen.

Damit erreichte die Skatingtechnik auch im Freizeit- und Fitnessbereich den Durchbruch. Von nun an wurden getrennte Spuren für den Diagonalschrittläufer und gewalzte Loipen für den Skater präpariert. Die Skindustrie brachte spezielle Skatingski und -schuhe auf den Markt.

Skatingausrüstung

Im Prinzip können Sie in der Ebene und bei guten Gleitverhältnissen mit jeder modernen Langlaufausrüstung skaten.

Natürlich geht es mit Skatingski, hohen Skatingschuhen und der richtigen Stocklänge leichter und macht mehr Spaß.

Rechte Seite: Skatinggenuss bei gefrorener Schneedecke.

Skatingausrüstung: Links der längere Ski für den Könner, rechts der kürzere für den »Genussläufer«.

Die Länge der Skatingski sollte der Körpergröße entsprechen, plus 10–20 cm bis minus 10 cm. Zu kurze Ski gleiten weniger gut, zu lange Ski sind technisch anspruchsvoller zu laufen und besonders in Anstiegen sogar hinderlich. Kurzmodelle eignen sich für Anfänger und spielerisches Skaten und besonders für das loipenunabhängige Skaten im Gelände bei tragender Schneeoberfläche oder dünner Schneeauflage auf Wiesen, Weiden und auch Golfplätzen.

Besondere Skatingstöcke gibt es nicht. Die Stocklänge sollte Schulterhöhe plus/minus 5 cm sein.

Die hohen und stabilen Skatingschuhe geben das Gefühl von mehr Halt für den seitlichen Abstoß; wichtig ist, dass sie nicht drücken (wenn möglich testen).
Die zwei verschiedenen marktüblichen Bindungen müssen zu den Schuhen passen.

Schnellkurs Skipräparation

Präparierte Ski gleitet besser. Wie bei den Cruising- und Nowax-Ski ist eine Schnellpräparation mit einem Gleitmittel immer von Vorteil.

Heiß einbügeln (Heißwachsung)

Die folgende Kurzanleitung gilt für Skatingski und ebenso für die Gleitzonen der klassischen Wachsski.
Die trockenen Ski werden waagrecht auf einen Wachsbock (oder in Schraubstöcken auf einem Arbeitstisch) festgespannt. Mit einem Stück Haushaltspapier wird die Lauffläche sauber gewischt.
Bitte vergessen Sie nicht, den Boden zum Schutz abzudecken.
Das Heißwachs-Gleitwachs wird den Schneeverhältnissen entsprechend gewählt: für nassen oder trockenen Schnee. Es genügen 2 verschiedene Gleitwachse (z. B. TOKO gelb und rot).

1. Mit einem Bügeleisen wird das Gleitwachs bei »Baumwoll-Temperatur« in zwei dünne Wachsstreifen auf die Lauffläche aufgetropft.

2. Dann wird das Wachs mehrmals von vorne nach hinten gebügelt, bis die Lauffläche mit einem gleichmäßigen, flüssigen Wachsfilm bedeckt ist. Jetzt lassen Sie den Ski 20 Minuten bei Zimmertemperatur abkühlen.

3. Zum Schluss ziehen Sie mit einer Kunststoffklinge alles erkaltete Wachs bis auf die Lauffläche ab, kratzen auch das Wachs aus den Laufrinnen und von den Seitenwangen.

Halbschlittschuhschritt

In der Ausgangsstellung (Bild oben) gleitet (steht) die Läuferin mit aufgerichtetem Oberkörper auf einem Ski in der Spur. Die Arme sind in Vorhaltestellung und bereit zum Doppelstockeinsatz. Der andere Ski ist abgehoben und leicht ausgeschert. Gleichzeitig mit dem Doppelstockeinsatz wird der ausgescherte Ski mit einem kräftigen Beinabstoß nach außen geschoben. Die Stöcke schwingen nach hinten aus und der Beinabstoß ist mit gestrecktem Bein beendet (Bild unten).
Sie gleitet weiter auf dem Ski in der Spur, während sich der Körper mit dem Vorschwung der Arme und dem dichten Beiziehen des Beins wieder aufrichtet.

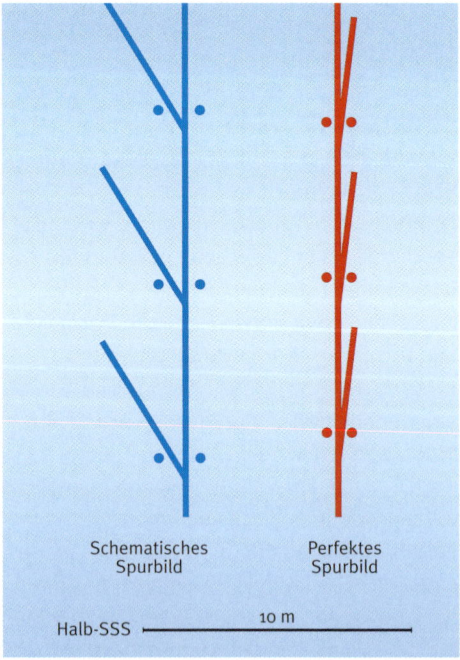

PRAXISTIPP

Achtung! Üben Sie diese einseitige Bewegung auf beiden Seiten.

Vorübungen zur Skatingtechnik

Das dynamische Gleichgewicht beim Gleiten auf einem Ski ist das A und O der Skatingtechnik. Machen Sie deshalb viele Übungen zur Verbesserung dieses dynamischen Gleichgewichtes.

Halten Sie die Stöcke quer vor den Körper und fahren Sie mit parallelen Ski auf einer leicht fallenden Loipe ab. Heben Sie einen Ski ab und gleiten Sie so lange als möglich auf einem Ski. Bein wechseln.

Wiederholen Sie die Übung und versuchen Sie dabei rhythmisch von einem Ski auf den andern zu wechseln, gleichzeitig die Ski leicht nach außen zu führen und anschließend wieder beizuziehen.

Auf einer gewalzten abfallenden Fläche ändern Sie die Fahrrichtung durch kleine, aneinandergereihte Schlittschuhschritte – einen Viertelbogen nach rechts, nach links, nach rechts – bis Sie eine richtige Schlangenlinie fahren.

Versuchen Sie die gleiche Übung in etwas steilerem Gelände mit höherer Geschwindigkeit. Stecken Sie einen kleinen Slalom aus.

In der Ebene können Sie beim Bogentreten ohne Stöcke den Schlittschuhschritt-Beinabstoß üben. Laufen Sie eine »8«, damit üben Sie beide Seiten. Versuchen Sie immer schneller, engere Kurven zu treten.

Training der Skatingtechnik.

Schlittschuhschritt ohne Stockeinsatz

Einerseits ist der Schlittschuhschritt (SSS) ohne Stockeinsatz eine Übungsform mit vielen Varianten, andererseits die ideale Skatingform bei hohen Geschwindigkeiten, wenn der Skater mit der Stockarbeit nicht mehr mitkommt.

Übungsformen

Auf leicht fallender Loipe von den kurzen und unsicheren Anfänger-Schlittschuhschritten zur rhythmischen und symmetrischen Schlittschuhschrittbewegung übergehen. Dabei versuchen, die Gleitphase auf einem Ski zu verlängern, bewusst lange auf einem Ski gleiten. Wichtig ist, dass die Ski nur wenig ausgestellt und dicht beigezogen werden.

Weiter kann zu jedem oder jedem zweiten Beinabstoß mit den Armen (ohne Stöcke) eine Doppelstockschubbewegung gemacht werden.

Auf dem Rückweg ist die Loipe leicht steigend und Sie führen nun kräftigere Beinabstöße aus. Die Körperposition wird etwas tiefer und der Ausstellwinkel der Ski größer, der Abstoß erfolgt stärker über die Ski-Innenkante.

Als Übung für Fortgeschrittene, zur Verbesserung des Beinabstoßes, ohne Stöcke einen immer steiler werdenden Anstieg hinaufskaten, bis der Öffnungswinkel der Ski zu groß wird.

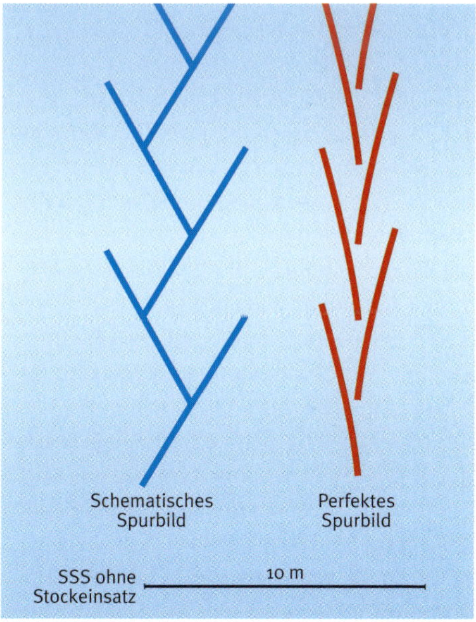

Anwendungsform

Die Skatingbewegung ist besonders dynamisch, wenn zusätzlich noch beschleunigt wird. Die Arme schwingen dann kraftvoll diagonal zur Beinbewegung mit.

1. Die Läuferin gleitet auf dem zukünftigen Abstoß-Ski und zieht den früheren Abstoß-Ski bei.
2. Mit dem Abstoßbeginn wird der zukünftige Gleitski aufgesetzt.
3. Der Abstoß ist fast beendet, die Läuferin gleitet kurz auf beiden Ski.
4. Der Abstoß ist beendet, die Läuferin gleitet auf einem Ski.

Eine Technik, die viel Raum erfordert, um Andere nicht zu gefährden. Bei einer weiteren Variante nehmen Sie eine tiefe Stellung ein und klemmen die Stöcke unter die Arme.

Eins-eins-Schlittschuhschritt

Eins-eins ist die sprachliche Kurzform für den symmetrischen Schlittschuhschritt mit Doppelstockschub auf jeden Beinabstoß. Diese Bewegungsform hat sich im Laufe der Technikentwicklung als eigentliche Grundbewegung der Skatingtechnik herausgestellt und ist in der perfekten Ausführung etwas für Fortgeschrittene.

Sie können aber nach den Vorübungen direkt in den Eins-eins einsteigen. Versuchen Sie den Eins-eins in leicht fallendem oder ebenem Gelände und führen Sie zu Beginn die Bewegungen etwas verkürzt und rhythmisch aus, ohne großen Krafteinsatz.

Die Eins-eins-Bewegung

1. In der Ausgangsstellung gleitet (steht) die Läuferin aufrecht auf dem leicht ausgescherten Ski. Die Arme sind in der schulterbreiten Vorhaltestellung bereit zum Doppelstockeinsatz und der andere Ski ist »Bein an Bein« einige Zentimeter abgehoben.
2. Der Doppelstockschub und der Beinabstoß vom voll belasteten, ausfahrenden Ski erfolgen gleichzeitig. Etwas verzögert wird der andere Ski flach in den Schnee gesetzt.
3. Der Abstoß ist fast beendet und das Körpergewicht praktisch ganz auf den Gleitski verlagert.
4. Die Läuferin hebt synchron mit dem Armvorschwung den Abstoßski ab und holt ihn

2

1

dicht über dem Schnee geführt zum Gleitbein bei. Dabei gleitet sie mit vollem Körpergewicht auf dem Gleitski.

5. Die Läuferin kommt wieder in die Ausgangsstellung und beginnt einen neuen Doppelstockschub und Beinabstoß. Das leichte Tiefergehen mit dem Körper beim Doppelstockschub erlaubt den kräftigen Beinabstoß aus Knie und Hüfte bis zur vollen Beinstreckung.

6. Gleichzeitig mit dem nächsten Doppelstockschub beginnt der Beinabstoß mit dem anderen Ski.

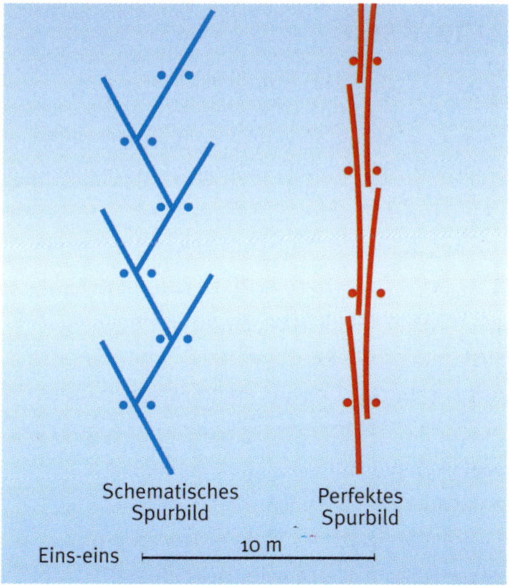

4

3

Eins-zwei-Schlittschuhschritt

Eins-zwei bedeutet, dass der Doppelstockschub nur auf jeden zweiten Beinabstoß ausgeführt wird.
Sie werden beim Üben des Eins-eins öfters mit den Armbewegungen zu langsam sein, um den Doppelstockstoß auf jeden Beinabstoß auszuführen. Dann schwingen Sie die Arme bewusst gemütlich nach vorne und machen den Doppelstockeinsatz immer zusammen mit dem gleichen Beinabstoß; Sie machen den Eins-zwei.

1. Läuferin stößt mit dem linken Ski ab, unterstützt mit Doppelstockschub.
2. Beinabstoß und Doppelstockschub sind beendet.
3. Läuferin verzögert den Armvorschwung und beginnt mit dem Abstoß vom rechten Ski.
4. Der Beinabstoß ist beendet, die Arme schwingen in Vorhaltestellung.

Skating-Übungen

Je höher die Laufgeschwindigkeit, desto wichtiger wird ein kleiner Skiöffnungswinkel (vorwärts und nicht seitwärts gleiten) und die Fähigkeit, lange auf dem Gleitski zu gleiten. Der nur einige Zentimeter abgehobene Ski soll als Übung so dicht beigezogen werden, dass sich die Schuhe berühren.

2

1

Als weitere Übung: Bei höherer Geschwindigkeit die Ski beinahe parallel führen, bewusst lange auf einem Ski gleiten und die Stöcke dicht neben den Ski einstechen wie beim klassischen Doppelstockschub. Üben als Eins-zwei und Eins-eins.
Ohne die seitlich stützenden Stöcke wird das Gleichgewichtsgefühl etwas unsicherer und die gleichen Übungen werden schwieriger, besonders der enge Beinschluss. Es verlangt mehr Konzentration und Übung, damit der Öffnungswinkel ohne die gleichgewichtsstützenden Stöcke klein gehalten werden kann. Das flache Aufsetzen des Skis soll bewusst geübt, ja sogar das Aufsetzen des Skis leicht auf die Außenkante versucht werden.

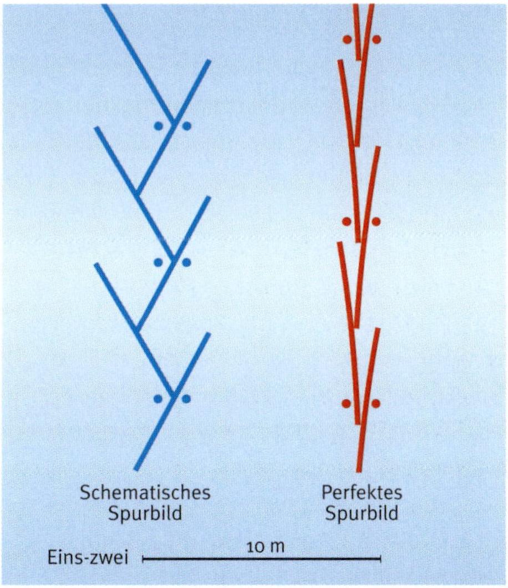

Asymmetrischer Schlittschuhschritt

Weil der Stockeinsatz versetzt erfolgt, heißt diese Bewegungsform asymmetrischer Schlittschuhschritt. Die norwegische Bezeichnung »Paddeln« (Stechpaddel) beschreibt die Arm- und Oberkörperbewegung bildlich sehr gut.

Es ist die Technik für die Anstiege, bei seitlich geneigter Loipe, bei langsamen Gleitverhältnissen und bei Müdigkeit.

Das Lernen wird auf ansteigender Loipe erleichtert. Es gibt keine eigentliche Grund- oder Ausgangsstellung.

Sie versuchen einfach direkt oder aus dem Eins-zwei die asymmetrische Bewegung zu entwickeln.

Die asymmetrische SSS-Bewegung

1–2. Die Arme schwingen versetzt vor, der Arm auf der Seite des ausscherenden Ski bringt den Stock nach vorne hoch (Führungsarm = Ausholbewegung wie mit einem Stechpaddel).

Der Arm auf der Seite des Abstoßskis führt den Stock leicht vor den Körper und setzt ihn zum kräftigen Stockschub dicht am Ski auf der Schuhhöhe ein. Beinabstoß und Stockschub erfolgen, sich unterstützend, gleichzeitig. Der Führungsarm führt den Stock weiter nach vorne mit der Hand über Kopfhöhe. Die Gewichtsverlagerung auf den ausgleitenden Ski erfolgt.

3–4. Am eingesetzten Führungsarmstock »zieht« sich die Läuferin nach vorne (vorne-

hoch). Der andere Arm unterstützt am Ende seiner Arbeitsphase die Vorholbewegung des nun entlasteten Abstoßskis. Es ist die typische Arbeitsbewegung des Stechpaddels.

5. Mit einer Oberkörpertiefbewegung wird die Führungsarmarbeit beendet, die Läuferin gleitet auf dem Führungsarmski. Der abgehobene linke Ski wird beigezogen, bleibt aber ausgeschert.

6. Die Stöcke schwingen aus und die Läuferin richtet sich auf. Mit einem kurzen Abstoß vom Führungsarmski wird das Körpergewicht auf den linken Ski verlagert. Der Zyklus beginnt von neuem.

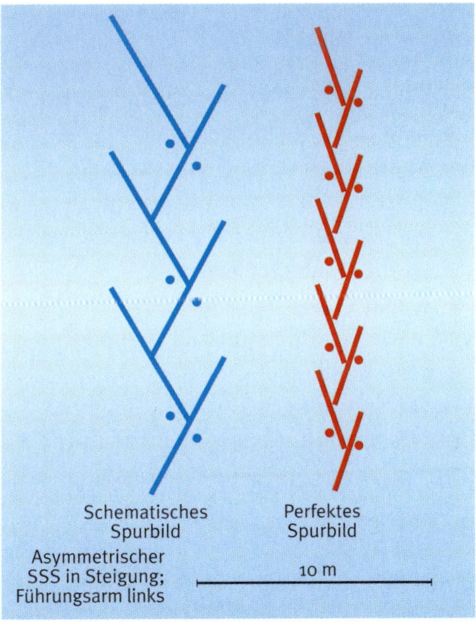

Training der Beidseitigkeit.

Beidseitigkeit

Beim asymmetrischen Schlittschuhschritt kann der Führungsarm links oder rechts sein. Sie werden bei sich bald eine »bessere« Seite entdecken, werden Sie aber nicht einseitig, sondern üben Sie bewusst beide Seiten und den Seitenwechsel.

Der regelmäßige Seitenwechsel verhindert eine einseitige Übermüdung, besonders bei längeren Anstiegen.

Viel wichtiger ist aber die Anpassung ans Gelände. Bei seitlich geneigter, ansteigender Loipe muss der Arm auf der Hangseite, bei Richtungsänderungen der Kurveninnenarm Führungsarm sein.

Übungen zum Seitenwechsel

Die Fähigkeit des raschen Seitenwechsels ist besonders in Anstiegen wichtig.

Als Vorübung nehmen Sie die Stöcke wie ein Stechpaddel in beide Hände und führen die Stechpaddelbewegung zuerst im Stillstand und dann skatend aus. Dabei üben Sie auch gleich den Führungsarmwechsel.

In der Ebene skaten Sie im asymmetrischen SSS wiederholt und immer schneller eine »8«. Betonen Sie den Kurveninnenarm als Führungsarm und üben Sie so »gezwungenermaßen« auch den Seitenwechsel.

Diagonalschlittschuhschritt

Dies ist die Skatingform für steile Anstiege oder wenn die Kraft fehlt. Eigentlich ist es ein Grätenschritt mit Gleitphase.
Beinabstoß und Stockeinsatz erfolgen auf der gleichen Seite gleichzeitig. Der andere Arm schwingt vor. Das Körpergewicht wird auf den nach vorne geschobenen und ausgescherten, möglichst etwas gleitenden Ski verlagert.
Der Stockschub hilft am Ende der Arbeitsphase beim Beiholen des Abstoßskis, der nach vorne gebracht zum Gleitski wird. Besonders wichtig ist dabei ein unterstützendes rhythmisches Hin- und Herpendeln der Hüfte.

2

Diagonalschlittschuhschritt im Anstieg.

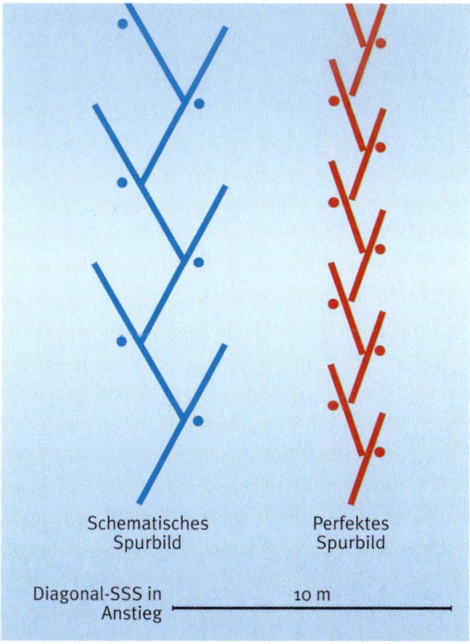

1

Checkliste – Skatingtechnik

Mögliche Probleme	Lösungsvorschläge
Ich komme mit dem Halbschlittschuhschritt nicht voran und habe Mühe beim Beiziehen des Abstoßbeines.	Vielleicht ist Ihr Doppelstockschub zu schwach; stellen Sie sich in eine klassische Spur und machen Sie kräftige Doppelstockschübe. Ist der Vortrieb ungenügend, hilft Kraftausdauertraining für Arme und Oberkörper. Scheren Sie den Abstoßski mit einem kleineren Winkel aus und beenden Sie den Abstoß, bevor sich das Körpergewicht vom Gleitski auf den Abstoßski verlagert.
Die Gleitphase beim Skaten ohne Stöcke ist nur kurz, ich komme nicht richtig in Schwung. Meistens stehe ich auch auf der Skiinnenkante, anstatt auf dem flach aufliegenden Ski zu gleiten.	Der Öffnungswinkel der Ski ist zu groß, die Gewichtsverlagerung ist ungenügend. Kontrollieren Sie, ob Sie ganz auf dem Gleitski stehen, ziehen Sie den abgehobenen Ski dichter bei, scheren Sie ihn nur ganz wenig aus und legen Sie ihn flach auf. Beenden Sie den Abstoß, bevor Sie eine zu große Grätsche machen.
Beim Eins-eins komme ich mit dem Doppelstockeinsatz zu spät, es wird dann ungewollt ein Eins-zwei.	Sie gleiten zu wenig lang auf dem Gleitski, deshalb genügt die Zeit nicht, um die Arme/Stöcke vorzuschwingen. Versuchen Sie zuerst die Stöcke weniger weit nach hinten auszustoßen, das ermöglicht, die Arme rechtzeitig nach vorne zu bringen für den nächsten Doppelstockeinsatz. Verkleinern Sie den Skiöffnungswinkel und gleiten Sie länger auf dem Gleitski, damit gewinnen Sie Zeit für den Armvorschwung.
Beim Eins-zwei gelingt mir der Seitenwechsel nicht. Ich habe einfach eine »Lieblingsseite« und kann den Doppelstockeinsatz nicht aufs andere Abstoßbein wechseln.	Hier hilft eine einfache Übung. Beginnen Sie den Eins-zwei aus dem Stand mit dem Doppelstockeinsatz auf der »schlechten« Seite. Der Wechsel auf die »Lieblingsseite« geht nach einem leeren Zwischenschritt oder direkt (mit einem Eins-eins) fast automatisch. Immer wieder die »schlechte« Seite trainieren.
Beim asymmetrischen SSS kriege ich die Stechpaddelbewegung mit dem Führungsarm einfach nicht hin, es bleibt immer beim Eins-zwei mit einem etwas versetzten Doppelstockschub. (Übrigens ist das in der Ebene und leichten Anstiegen gar nicht notwendig, aber in steilen Anstiegen ist der asymmetrische SSS die beste Technik.)	Üben Sie in steileren Anstiegen, reichen Sie mit dem Führungsarm übertrieben weit nach vorne-hoch, gleichzeitig setzen Sie den Ski auf der Führungsarmseite mit einem kleineren Winkel bewusst weit nach vorne-hoch, so dass Sie sich am Führungsarmstock richtig nach vorne-hoch ziehen müssen. Der Abstoßbeinski wird mit einem deutlich größeren Winkel ausgeschert und hat eine kürzere Gleitphase.

Mögliche Probleme	Lösungsvorschläge
Die Diagonalskatingbewegung klappt nicht, sie ist unrhythmisch und in Anstiegen bleibe ich rasch stehen.	Üben Sie (möglicherweise zuerst ohne Ski) den Stockeinsatz neben dem Standbein: Machen Sie einen Seitschritt mit gleichzeitigem Stockschub und totaler Gewichtsverlagerung, setzen Sie dann den anderen Stock neben dem neuen Standbein ein, und so weiter. Die ganze Bewegung muss rhythmisch sein mit betontem Hüfteinsatz. Auf Ski kommen Sie dabei ins Gleiten, zum Diagonal-SSS. In mittelsteilem Anstieg machen Sie Grätenschritte und bringen mit der Hüftbewegung den nach vorne geschobenen Ski in eine leichte Gleitbewegung zum Diagonal-SSS.

Kraftvoll und dynamisch: skaten im Anstieg.

Nordic Fitness – Ohne Schnee geht es auch

Nordic Walking

Die skandinavischen Skilangläufer haben bereits vor einem halben Jahrhundert das Training in der schneelosen Jahreszeit mit Langlaufstöcken absolviert. »Skigang« haben die Skilangläufer dieses langlaufspezifische Sommertraining genannt. Der dem Langlauf identische Bewegungsablauf wird besonders in Steigungen angewandt und kombiniert mit den so genannten »Schrittsprüngen«. Charakteristisch ist hierbei der explosive Beinabdruck und die ausgeprägte Flugphase des Läufers.

Dieses wirkungsvolle aber harte Training wurde modifiziert und kombiniert mit dem klassischen Walking. Eine neue Sportart ist entstanden, die einen unglaublichen Erfolg verzeichnen kann: Nordic Walking.
Ein Ganzkörpertraining, das eine ganze Reihe von positiven Elementen aus dem Skilanglauf enthält. Und: Nordic Walking ist wiederum eine gute Vorbereitung für die Schneesaison.

Unten: Schrittsprung.

Rechte Seite: Skigang.

Nordic Walking in der Ebene.

Im Gegensatz zum Laufen, Radfahren oder Walken bietet Nordic Walking auch einen Trainingseffekt für den gesamten Oberkörper: Arme, Schultern, Brust- und Rückenmuskulatur.
Nordic Walking ist dem Bewegungsablauf des Diagonalschritts beim Skilanglauf ähnlich. Allerdings fehlt die Gleitphase des Skiläufers und der Armschwung ist weniger kraftvoll und dynamisch. Denn der Vortrieb des Gehers wird letztendlich von der Fußbewegung gesteuert.
Besonders im hügeligen Gelände oder im Gebirge werden die Fußgelenke und die Wirbelsäule entlastet, da der Stockeinsatz harte Stöße und Schläge abmildert.
Die große Spannbreite des Nordic Walking trägt sicher auch zu seinem Erfolg bei. Denn praktisch jeder kann diesen Sport ausüben.

Was brauche ich für das Nordic Walking?

1. Stabile Laufschuhe oder Leichtbergschuhe, die ein gutes Abrollen des Fußes ermöglichen.
2. Stöcke, die von der Länge her zur Körpergröße passen. Man nimmt die Formel: Körpergröße mit dem Faktor 0,7 multiplizieren. Oder: Ober- und Unterarm sollen bei senkrecht aufgestelltem Stock einen Winkel von 90° bilden. Leider sind nach dieser Formel Ihre Skilanglaufstöcke zu lang, denn hier wird ein Faktor von 79–85 Prozent der Körpergröße zugrunde gelegt. Nordic Walking gibt es ja noch nicht so lange, und deshalb gehen die Autoren seit 40 Jahren mit den »viel zu langen« Langlaufstöcken zum Sommertraining ins (hügelige) Gelände. Für Asphalt brauchen Sie zum Aufstecken auf die Stockspitze einen Gummiaufsatz, um den Aufprall abzudämpfen. Die Wahl des Stockmaterials sollte Ihr Geldbeutel entscheiden.
3. Außerdem benötigen Sie der Witterung angepasste Kleidung.

Der Gesundheitssportler

Wie bereits erwähnt, ist der Bewegungsablauf dem Diagonalschritt auf Ski sehr ähnlich: Das rechte Bein und der linke Arm bewegen sich nach vorne, das linke Bein und der rechte Arm nach hinten. Klingt reichlich kompliziert, aber betrachten Sie nochmals die Bilder aus dem Kapitel »Diagonalschritt«. Ähnliche Fehler wie beim Skilanglauf können Sie auch beim Nordic Walking machen: Der Armschwung nach hinten wird auf Körperhöhe abgebrochen, statt deutlich den Arm auszuschwingen. Der Armschwung nach vorne endet zu früh auf Körperhöhe, die Bewegung sollte aber nach vorne weitergeführt werden.
Wenn Sie Probleme mit dem Rhythmus haben, sollten Sie die Armarbeit im leicht ansteigenden Gelände üben.

PRAXISTIPP

Wenn Sie speziell für den Skilanglauf trainieren wollen, müssen die Armbewegung und der Stockabdruck stärker betont werden als beim »normalen« Nordic Walking.

Der sportliche Skilangläufer

Wer es sportlicher und anstrengender will, kann die folgenden beiden Varianten in sein Trainingsprogramm aufnehmen.

Der Skigang mit Stöcken

Im ansteigenden Gelände wird im Diagonalrhythmus auf einen kräftigen Beinabdruck geachtet, der zur völligen Streckung des Beines führt. Die Arme/Stöcke schwingen betont mit. Der Skigang kann auch ohne Stöcke ausgeführt werden. Durch dieses Training wird die Abdruckkraft der Beine deutlich verbessert, was sich natürlich auf den Skilanglauf positiv auswirkt.

Schrittsprünge in Anstiegen

Der explosive Beinabdruck führt zur völligen Beinstreckung und zu einer ausgeprägten »Flugphase« des Läufers. Bevor das zweite Bein aufsetzt, wird es raumgreifend nach vorne geführt.

Eine Trainingsform, die grundsätzlich nur in Intervallen durchgeführt werden sollte, z. B. 5–8 Sprungphasen und dann eine »Pause« im Skigang. Schrittsprünge sind extrem anstrengend und verlangen eine gewisse Grundkondition. Die gesamte Arm-/Stockarbeit ist bei den sportlichen Übungsformen wesentlich dynamischer und kraftvoller als beim normalen Nordic Walking.

PRAXISTIPP

Der Skigang und die Schrittsprünge lassen sich in jede Bergwanderung einbauen.
Beim Bergablaufen werden durch die Stöcke auch noch die Bein- und Hüftgelenke entlastet.

Nordic Blading

Inlineskaten ist »in«. Zum Sommertraining für Langläufer ist diese Sportart ausgezeichnet geeignet. Allerdings ist dies nur der Fall, wenn sie richtig angewendet wird.

Die Skating-Beinbewegung lässt sich hervorragend imitieren und trainieren. Für die Armbewegung und die Stockarbeit sind 5-Rollen-Inlineskates zu schnell. Für die richtige Koordination der Arm-/Beinbewegung eignen sich langsamere 4-Rollen-Modelle besser. Noch besser, Sie trainieren in einer leichten Steigung. Hier ist die Geschwindigkeit automatisch langsamer und ähnelt damit mehr dem Tempo auf Ski. Auch der Doppelstockschub ist korrekter auszuführen mit langsameren Modellen, beziehungsweise in einer leichten Steigung.

PRAXISTIPP

Für die Benutzung der Inlineskates gelten die gleichen Straßenverkehrsregeln und Vorsichtsmaßnahmen wie bei den Rollski. Erkundigen Sie sich nach der Rechtslage in Ihrem Land!

Spätestens nach dem ersten Sturz auf Asphalt wird jeder einsehen, dass ein Helm (Fahrradhelm) sowie Knie- und Ellenbogenschützer einen hervorragenden Schutz abgeben. Außerdem: Handschuhe tragen, auch bei sommerlichen Temperaturen. Erstens wegen der Wasserblasen, die man sich bei ausgiebigem Training an den Händen holen kann und zweitens sind bei Stürzen die Hände besser geschützt.

Rollski-Training

Wie beschrieben, sind Inlineskates gut geeignet, um die Skatingtechnik des Skilangläufers zu imitieren und zu trainieren. Der Diagonalschritt kann mit diesem Sportgerät nicht trainiert werden. Dazu sind im Grunde nur Rollski tauglich. Mit diesen können alle Langlauftechniken, auch die Skatingtechnik, trainiert werden. Für das Training des Diagonalschrittes und des Doppelstockschubs mit Zwischenschritt sind Rollski notwendig, die im Vorderrad eine Rücklaufsperre aufweisen. Sie müssen allerdings wissen, dass das Bremsen mit Rollski sehr schwierig ist und deshalb sind abschüssige Strecken für den Neuling tabu. Im Übrigen trägt der kluge Sportler auf derartigen Streckenabschnitten ganz einfach seine Rollski.

Kraftvoller Stockeinsatz erhöht die Effektivität.

So gestalten Sie das Training effektiv und optimal

Nordic Cruising, Langlauf und Skating sind Ausdauersportarten mit allen positiven Auswirkungen auf den Organismus. Mehr über die Zusammenhänge zwischen »Langlauf und Gesundheit« erfahren Sie im gleichlautenden Kapitel ab Seite 110.
Damit Sie auch im Sommer nicht auf die ganze Palette der positiven Auswirkungen des Ausdauersports verzichten müssen, haben wir bereits zwei Möglichkeiten vorgestellt: Nordic Walking und Nordic Blading. Aber es gibt natürlich noch andere Ausdauersportarten. Die einzige Sportart, bei der, außer beim Skilanglauf, Arme und Beine mit technischem Gerät zum Vortrieb eingesetzt werden, ist Regattarudern.
Aber wir wollen uns hier auf Ausdauerthemen beschränken, die von vielen Menschen bereits begeistert ausgeübt werden: Laufen, Radfahren und Schwimmen. Leider fehlt bei diesen Trainingsformen, außer beim Schwimmen, die Beanspruchung von Arm-, Brust- und Rückenmuskulatur. Deshalb finden Sie im Anschluss an dieses Kapitel eine Anregung für das Oberkörpertraining.

Laufen

(Fast) alles was Sie benötigen sind gute Laufschuhe und eine kurze und lange Trainingshose. Pullover und Unterwäsche entnehmen Sie dem Kleiderfach mit Langlauf-Bekleidung.

Wer häufig auf Ski unterwegs ist und im Frühjahr wieder das Lauftraining startet, muss unbedingt mit kurzen Strecken beginnen, denn die Beine reagieren meist ganz deutlich auf den Unterschied zwischen dem sanften Gleiten auf Ski und dem Laufen auf relativ harten Böden.
Mit kurzen Strecken anfangen und auf weichem Untergrund laufen, sonst sind Umstellungsprobleme möglich. Dies gilt auch für die Langläufer und Radfahrer, die bisher im Sommer nicht gelaufen sind und jetzt Spaß an diesem Ausdauersport gefunden haben.

PRAXISTIPP

Sportkleidung kaufen, die vielseitig verwendbar und kombinierbar ist!

Radfahren

Radfahren ist eine wunderbare Bereicherung des Trainingsspektrums. Besonders im hügeligen oder bergigen Gelände wird eine hohe Herz-Kreislauf-Leistungsfähigkeit verlangt und erworben.
Radfahren bringt außerdem einen guten Kraftzuwachs in der Bein- und Beckengürtelmuskulatur. Die persönliche Neigung und die

Rechte Seite:
Sommers und winters »in Bewegung«.

Ausdauertraining in der schneelosen Jahreszeit.

Trainingsmöglichkeiten geben einen Hinweis auf die Wahl des Radtyps:

- Für geteerte Straßen ist ein Rennrad oder Tourenrad bestens geeignet.
- Unbefestigte Sand- und Kieswege, hügeliges Gelände und Bergstrecken sind ideal für das Mountainbike.
- Zweckmäßige Kleidung ist beim Radsport wichtiger als beim Laufen. Die höhere Geschwindigkeit erzeugt einen Fahrtwind, der auch große Hitze erträglich macht. Aber bei Nässe oder kühlen Temperaturen hat man sich schnell eine Unterkühlung oder Erkältung geholt, wenn die Kleidung nicht stimmt. Auch beim Radsport kann man die Kleidung bei kühleren Temperaturen mit Langlaufbekleidung kombinieren. Ein Radhelm ist bei der heutigen Verkehrsdichte obligatorisch.

Schwimmen

Eine wunderbare Ergänzung für Nordic Walking, Laufen und Radfahren ist das Schwimmen, denn hier wird auch die gesamte Oberkörper-, Arm-, Rücken- und Beinmuskulatur trainiert. Die Beanspruchung großer Muskelgruppen bringt ein ausgezeichnetes Herz-Kreislauf-Training mit sich.

Je mehr Techniken Sie beherrschen, umso mehr Spaß macht es. Neben dem allgemein üblichen Brustschwimmen sollten Sie mindestens noch eine Technik beherrschen. Rückenschwimmen und Kraulschwimmen bieten sich hier an.

Übrigens hat Schwimmen auch sehr günstige Auswirkungen auf die Haut, das vegetative Nervensystem und die Wärmeregulierung des Körpers.

Krafttraining

Die für den Langlauf notwendige Kraft in den Armen sowie in der Brust-, Rücken- und Beinmuskulatur können Sie durch geeignetes Training in der schneelosen Jahreszeit konservieren und verbessern.

Allerdings ist der Aufbau von Muskelpaketen nicht unser Ziel, sondern in erster Linie die Verbesserung der Kraftausdauer.

Vereinfacht ausgedrückt heißt das: Häufige Wiederholungen einer Übung mit Pausen, statt Übungen mit maximalem Krafteinsatz und nur wenigen Wiederholungen.

Am abwechslungsreichsten ist das so genannte »Zirkeltraining«. Dazu wählen Sie 6–12 Übungen aus, die abwechselnd

- die Arme
- die Beine
- den Rumpf

trainieren. Dann wird für die Übungen eine Trainingszeit und eine Erholungszeit festgelegt: z. B. 45 Sekunden Training, dann 45 Sekunden Pause.

Die Übungen sollten Sie zügig aber nicht schnell ausführen. Es werden so viele Wiederholungen gemacht, wie in der Trainingszeit von 45 Sekunden möglich sind. Anschließend erfolgt eine Pause (z. B. 45 Sekunden) und dann die nächste Übung. Es werden

Krafttraining für den Oberkörper.

mehrere Durchgänge absolviert, sodass wir insgesamt auf eine Trainingszeit (inklusive Pausen) von 40–60 Minuten kommen. Wenn Sie ein derartiges Programm 1–2-mal pro Woche schaffen, werden Sie eine deutliche Verbesserung der Kraftausdauer spüren – spätestens im nächsten Winter!

Außerdem profitiert natürlich Ihr gesamter Bewegungsapparat von einem derartigen Zirkeltraining. Rückenbeschwerden, die auf eine mangelhaft trainierte Muskulatur zurückzuführen sind, werden verschwinden. Und nach einem Kraftausdauer-Training werden Sie Muskeln spüren, von deren Existenz Sie bisher nichts geahnt hatten. Insgesamt ein richtiges Gesundheits-Training.

Die Trainingsgeräte sind sehr vielfältig. Sie können z. B. das Theraband, Kurzhanteln oder auch Trainingsmaschinen einsetzen. Das eigene Körpergewicht wird z. B. bei Liegestützen oder Klimmzügen als »Trainingsgerät« eingesetzt.

Aus Platzgründen müssen wir bei der Übungswahl auf Literatur verweisen, die viele Möglichkeiten aufzeigt. Hier nur ein kurzes Beispiel mit abwechselnden Übungen für Arme, Beine, Rumpf:

1. Liegestütze (Arme)
2. Froschhüpfen (Beine)
3. Situps (Rumpf-Bauchmuskelübungen)
4. Diagonalziehen mit dem Theraband (Arme)
5. Zugübungen mit dem Theraband am Fußgelenk (Beine)
6. Rückentraining mit dem Theraband (Rumpf)

Ausführliche Krafttrainingsprogramme finden Sie in weiteren Bänden der Reihe BLV Sportpraxis Top.

Unten:
Krafttraining ohne Geräte.

Rechte Seite:
Training mit dem Theraband.

PUMA

Stretching und Gymnastik

Selbst wenn Sie vielseitig trainieren, braucht Ihr Bewegungsapparat Entspannung. Aber nicht im Sinne von relaxen, sondern in wortwörtlicher Übersetzung: die teilweise angespannten Muskeln wieder entspannen. Bereits wenige Übungen wirken da oft herrlich wohltuend.

Denken Sie dabei daran, wie sich unsere Hausgenossen aus dem Tierreich, Hunde und Katzen, genüsslich dehnen und strecken.

Stretching

Stretching ist eine Dehnmethode, die mit verschiedenen Techniken die Dehnungseigenschaften von Muskeln, Sehnen, Bändern, Gelenkkapseln, Muskelhüllen und deren Nachbargewebe deutlich verbessert. Häufige Grundursache von Arthrose ist eine deutliche Bewegungseinschränkung im betroffenen Gelenk.

Stretching ist eine ganz wirkungsvolle Präventivmaßnahme gegen Gelenkverschleiß. Aber die Wirkung von Stretching geht über die rein mechanischen Funktionen hinaus, indem es das Körpergefühl und die Fähigkeit sportliche Techniken richtig auszuführen verbessert. Ein weiteres Phänomen ist auch, dass Stretching einen großen Einfluss auf die Entspannungsfähigkeit und das psychische Wohlbefinden hat.

Dehnübungen sind sehr wichtig!

PRAXISTIPP

Es gibt viele Gelegenheiten für ein kleines »Zwischendurch«-Stretching.

Was bewirkt Stretching?

- Die Beweglichkeit der Gelenke wird erhöht.
- Die Elastizität der Muskeln, Sehnen, Bänder, Gelenkkapseln und Muskelhüllen wird verbessert.
- Das Gewebe wird gleitfähiger und es gibt weniger verklebte Gewebeschichten.
- Durchblutung und Stoffwechsel der Muskulatur werden optimiert.
- Stretching, regelmäßig trainiert, führt zu einer Normalisierung der Muskelspannung.
- Muskelverhärtungen werden gelöst.
- Die Erholungszeit wird verkürzt.
- Die Verletzungsgefahr wird reduziert.

Ausführliche Programme finden Sie in Titeln aus der BLV Sportbuchreihe.

Gymnastik

Skilanglauf verlangt ein hohes Maß an Beweglichkeit. Je besser Ihre Beweglichkeit ist, umso schneller lernen Sie die einzelnen Techniken und können so den Bewegungsablauf optimieren.
Mangelnde Beweglichkeit führt zu Ausgleichsbewegungen, mit denen dieses Manko kompensiert werden soll. Dadurch besteht die Gefahr, dass Sie sich eine falsche Technik angewöhnen, die zu Überlastungen führen kann. Eigentlich zwingende Gründe für ein regelmäßiges Gymnastikprogramm.

Einige Übungen reichen und können vor und nach dem Stretching eingebaut werden. Als Anregung die folgenden Übungen:

- Schulterkreisen nach vorne und hinten.
- Jeweils einen Arm nach oben strecken und den Oberkörper zur Seite neigen.
- Äpfelpflücken – abwechselnd die Arme ganz weit nach oben strecken.
- Im Stehen, mit leicht gebeugten Knien, die Wirbelsäule beugen und strecken. Dazu die Hände oberhalb der Knie aufstützen und nun abwechselnd ein Hohlkreuz und einen Katzenbuckel machen.

Lockerungsgymnastik für Oberkörper und Arme.

Regeneration

Das optimale Training beinhaltet natürlich auch regenerative Phasen. Viele Sportler achten nicht auf die Signale, die ihnen der Körper übermittelt. Oder sie erkennen die Signale und ignorieren, was ihnen der Körper damit sagen will. Übertraining, Verletzungen und psychische Verstimmungen sind die Folgen.

Gesundheit und körperliche Hochform sind keine konstanten, sondern labile Zustände, die sich jederzeit ändern können. Das Wunderwerk unseres Körpers meldet – wie bei einem Frühwarnsystem – Veränderungen rechtzeitig. Leider fehlt vielen die nötige Sensibilität, um das zu erkennen und darauf zu reagieren.

Ignoriert man die Zeichen zu oft und zu lange, kann es zu lang anhaltenden Phasen von Leistungsschwäche und Leistungsabfall kommen. Die Sportmedizin spricht von Übertraining. Häufig ist jedoch nicht ein Zuviel an Training der alleinige Auslöser für ein Übertraining. Auch beruflicher oder familiärer Stress gehen mit der Trainingsbeanspruchung eine unglückliche Verbindung ein.

Ein normales Trainingspensum kann in Kombination mit Stressfaktoren schon des Guten zuviel sein, wenn nicht rechtzeitig Regenerationsphasen eingelegt werden.

Diese Fragen sollten Sie sich bei einem Leistungstief stellen:

➤ Habe ich mein Trainingspensum zu schnell gesteigert und/oder sind die Trainingspausen zu kurz?

➤ Führen mein Beruf und mein sportlicher Ehrgeiz zu einer Dauerüberforderung?

➤ Habe ich nach einer Erkrankung (sei es auch nur eine »harmlose« Erkältung) zu schnell wieder mit dem Training begonnen?

➤ Stimmen sportlicher Ehrgeiz und persönliche Veranlagung überein?

➤ Bin ich mir darüber im Klaren, dass beruflicher und/oder privater Stress zu Leistungsminderungen führen kann?

➤ Handelt es sich bei mir um eine Ermüdung der Muskulatur oder liegt eine Ermüdung des Nervensystems vor?

Aktive Regeneration

Nach der Ursachenforschung hier einige Möglichkeiten der aktiven Regeneration:

1. Mit lockerer Gymnastik eine erhöhte Muskelspannung abbauen.

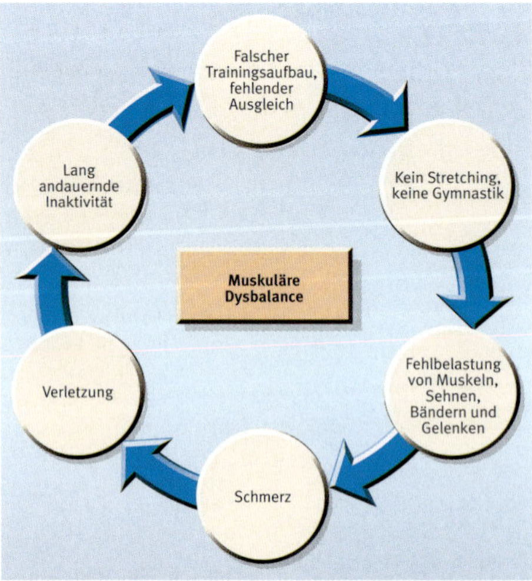

Eine Negativspirale, die man durchbrechen kann.

2. Im Anschluss an ein Gymnastikprogramm trägt Stretching ganz wesentlich zur schnellen Erholung bei.

3. Wechselduschen ist Regeneration pur: 1–2 Minuten warm duschen, dann 10–30 Sekunden kalt duschen. Das Ganze 2–3 mal wiederholen. Wechselduschen bewirkt eine intensivere Durchblutung von Haut und Muskulatur sowie eine Stoffwechselsteigerung. Aber: Wechselduschen nicht anwenden, wenn der Körper unterkühlt ist.

Passive Regeneration

1. Das so genannte »Entmüdungsbad« ist ein Vollbad mit einer Wassertemperatur zwischen 34 und 37° C. Bäder mit 38–40° C sind nicht geeignet. Die Badezeit liegt zwischen 15 und 30 Minuten. Wer es mag und verträgt, kann dem Bad ätherische Öle (wenige Tropfen genügen) zufügen.

2. Örtliche Problemzonen werden mit Wechselbädern behandelt (Unterschenkel , Unterarme). Das geht so vonstatten: 2 Minuten im 38–40° C warmen Wasser und anschließend 10–20 Sekunden bei 12–26° C Wassertemperatur baden.

3. Ein Saunabesuch kann wesentlich zur Erholung beitragen. Diese Wirkungen können erzielt werden:

- Steigerung des Stoffwechsels und schnellerer Abbau von Stoffwechselschlacken.
- Übung des Herzens und Kreislaufanpassung.
- Abhärtung durch Verbesserung der Hautreaktion auf Wärme und Kälte.
- Steigerung der Abwehr gegen Infekte.
- Allgemeine vegetative Umstimmung.
- Anregung des Systems Hirnanhangdrüse/Nebennierenrinde (W. Fritzsche).
- Allgemeines Wohlbefinden.

Wichtig! Nicht mit einem beginnenden grippalen Infekt in die Sauna gehen.
Nach dem Langlauf, wie in Nordlappland erlebt, in einer Blockhütte ein Saunabad zu nehmen, ist ein Vergnügen der Extraklasse ...

Trainingsprogramme

Die beiden folgenden Trainingsprogramme für Winter und Sommer können natürlich nicht auf Ihre individuellen Gegebenheiten eingehen. Sie sollen nicht mehr und nicht weniger sein als eine Anregung. Nach diesen Musterprogrammen können Sie die eigenen Pläne ausarbeiten und abstimmen.
Beim Winter-Programm wurden bewusst zwei Wochen eingefügt, die kein Schneetraining aufweisen, da in unserer Klimazone nicht mit einer stabilen Winterwitterung gerechnet werden kann.
Ebenso wurde das Langlauftraining auf das Wochenende gelegt, denn eine Loipe »vor der Haustüre« haben nur wenig Langläufer, in der sie auch während der Woche am Morgen oder Abend noch trainieren können.

PRAXISTIPP

Entscheidend ist die Verteilung der Trainingsreize auf die ganze Woche. Das Trainingsergebnis ist definitiv schlechter, wenn das weitaus größte Pensum nur am Wochenende absolviert wird. Häufigere, kleinere Trainingsreize bringen mehr!

Trainingsprogramm Winter

Woche	Montag	Dienstag	Mittwoch	Donnerstag	Freitag	Samstag	Sonntag
1	Regeneration, evtl. Sauna oder Entmüdungsbad	Kraftausdauer-Zirkeltraining, 40 Minuten Stretching	Ausdauertraining: Lauftraining oder Fahrradergometer, besser Techniktraining auf Ski 40–60 Minuten	Entspannungstraining	Skilanglauf Techniktraining 50–70 Minuten Stretching	Skilanglauf in schwieriger Loipe (Anstiege/Abfahrten) 60–120 Minuten	Skilanglauf, längere Strecke in ruhigem Tempo 120 Minuten Stretching
2	Entspannungstraining	Kraftausdauertraining 40 Minuten Stretching	Ausdauertraining: Lauftraining oder Fahrradergometer, besser Techniktraining auf Ski 40–60 Minuten	Regeneration, evtl. Sauna	Skilanglauf mit Tempowechsel 50–70 Minuten	Skilanglauf, Ausdauertraining: ruhiges Tempo – auf Technik achten 120 Minuten	Skilanglauf, Techniktraining 50–70 Minuten Stretching
3	Regeneration, evtl. Sauna	Kraftausdauertraining, 40 Minuten Stretching	Ausdauertraining: Lauftraining oder Fahrradergometer 40–60 Minuten	Entspannungstraining	(ohne Schnee) Lauftraining 40–60 Minuten	(ohne Schnee) Skigang mit Stöcken im hügeligen Gelände 60 Minuten	(ohne Schnee) Skigang/Schrittsprünge mit Stöcken im hügeligen Gelände 60 Minuten
4	Entspannungstraining	Kraftausdauertraining, 40 Minuten Stretching	Ausdauertraining: Lauftraining oder Fahrradergometer 40–60 Minuten	Regeneration, evtl. Sauna	(ohne Schnee) Skigang mit Stöcken im hügeligen Gelände 60 Minuten	(ohne Schnee) Lauftraining 40–60 Minuten	(ohne Schnee) Skigang/Schrittsprünge mit Stöcken im hügeligen Gelände 60 Minuten

Trainingsprogramm Sommer

Woche	Montag	Dienstag	Mittwoch	Donnerstag	Freitag	Samstag	Sonntag
1	Regeneration	Ausdauertraining: Lauftraining 40–60 Minuten oder Radfahren 120 Minuten	Kraftausdauertraining 40 Minuten Stretching	Entspannungstraining	Skigang mit Stöcken im hügeligen Gelände 60 Minuten	Nordic Blading oder Rollskitraining 50–60 Minuten	Skigang/Schrittsprünge mit Stöcken im hügeligen Gelände 60 Minuten
2	Entspannungstraining	Ausdauertraining: Lauftraining 40–60 Minuten oder Radfahren 120 Minuten	Schwimmen 40–60 Minuten	Kraftausdauertraining 40 Minuten Stretching	Nordic Blading oder Rollskitraining 50–60 Minuten	Schwimmen 40–60 Minuten	Bergwanderung mit Stöcken
3	Regeneration	Ausdauertraining: Lauftraining 50–70 Minuten oder Radfahren 120 Minuten	Kraftausdauertraining 40 Minuten Stretching	Entspannungstraining	Skigang mit Stöcken im hügeligen Gelände 60–80 Minuten	Schwimmen 40–60 Minuten	Nordic Blading oder Rollskitraining 60–90 Minuten
4	Entspannungstraining	Ausdauertraining: Lauftraining 50–70 Minuten oder Radfahren 120–180 Minuten	Schwimmen 40–60 Minuten	Kraftausdauertraining 40 Minuten Stretching	Nordic Blading oder Rollskitraining 60–90 Minuten	Bergwanderung mit Stöcken	Schwimmen 40–60 Minuten

Skilanglauf und Gesundheit – Das passt zusammen

Warum Sportstunden in unserem Schulsystem vom Unterrichtsplan gestrichen werden, ist und bleibt wohl ein Geheimnis der Politiker. Wo sonst könnten junge Menschen dazu gebracht werden, der körperlichen Bewegung positive Seiten abzugewinnen? Dazu müssten allerdings auch die Sportlehrpläne geändert werden. Weg von Schnellkraftsportarten wie Sprint, Weitsprung u. Ä. zu den gesundheitlich wertvollen Ausdauersportarten.

Mit Fantasie und Fingerspitzengefühl ließen sich viele junge Menschen sicher begeistern. Aber unser System ist nicht auf Prävention ausgerichtet. Es wird stattdessen versucht, aufgetretene Schäden zu reparieren.

Der Bewegungsmangel ist zum Risikofaktor Nummer eins für Herz- und Kreislauferkrankungen und zahlreiche Stoffwechselerkrankungen geworden. Der Bewegungsmangel ist neben völlig falscher Ernährung der Hauptgrund für ein nicht mehr bezahlbares Gesundheitswesen.

Bewegungsmangel ist Risikofaktor Nummer eins

Beim Menschen gibt es ein Mindestmaß an Bewegung, das erzielt werden muss, um Muskeln und Organe funktionsfähig zu erhalten. Wird diese Reizschwelle zu selten erreicht, wird der Boden für zahlreiche Erkrankungen bereitet.

Herz-Kreislauf-Erkrankungen

Todesursache Nummer eins in den Zivilisationsnationen. Zu diesem Erkrankungsbild gehören: die koronare Herzerkrankung mit einer schlechteren Durchblutung der Herzkranzgefäße und der Gefahr eines Herzinfarktes.

Der Bluthochdruck, also eine übermäßige Erhöhung des Ruhe- und Belastungsblutdruckes kann zur Schwächung des Herzens, zu Arterienverkalkung und Schlaganfall führen. Die arterielle Verschlusskrankheit führt zur schlechteren Durchblutung von Armen, Beinen und Organen. Die chronisch venöse Insuffizienz führt zu Venenerkrankungen und Thrombosegefahr.

Stoffwechselerkrankungen

Die Zuckerkrankheit (Diabetes mellitus) mit allen Folgeschäden und die Blutfetterhöhung (Cholesterin) mit der Gefahr der Gefäßschädigung werden durch Bewegungsmangel begünstigt.

Übergewicht

Das Übergewicht ist zwar keine direkte Erkrankung, begünstigt aber die Entstehung von Herz-Kreislauf- und Stoffwechselkrankheiten.

Erkrankungen des Bewegungsapparates

Durch Bewegungsmangel und Überlastung werden Arthrose und Wirbelsäulenerkran-

Ein Sport für jedes Alter.

kungen begünstigt. Mitursache für Osteoporose kann Bewegungsmangel sein. Denn nur bei körperlicher Belastung kann der Organismus den Kalk in die Knochen einbauen. Die Skelettbelastung ist hierbei entscheidend. Schwimmen, mit der körperlichen Entlastung durch den Wasserauftrieb, ist deshalb als Vorbeugungstraining gegen Osteoporose ungeeignet.

Skilanglauf senkt nicht nur das Herzinfarktrisiko

Nach dem leider nicht übertriebenen Horrorgemälde über die katastrophalen Auswirkungen des Bewegungsmangels sollen Sie jetzt mehr über die enormen Möglichkeiten des Ausdauertrainings erfahren.

Die positiven Effekte auf Herz und Kreislauf

Bei der koronaren Herzerkrankung ist eine mangelnde Durchblutung und damit ein Sauerstoffmangel der Herzmuskulatur vorhanden. Ausdauertraining hat zwei Wirkungen: Es verbessert die Durchblutung und damit die Sauerstoffversorgung der Herzmuskulatur und senkt gleichzeitig den Sauerstoffverbrauch des Herzens.

Wie das geschieht, will ich Ihnen in einem kurzen Rechenexempel vorstellen: Das Herz des Untrainierten schlägt in Ruhe

70–80-mal, das Herz des Trainierten 50–60-mal. Das Herz eines Untrainierten macht also etwa 1200 Schläge mehr in der Stunde, 29.000 mehr pro Tag und 10,5 Millionen Schläge mehr pro Jahr. Bei dieser Kalkulation sind körperliche Belastungen oder Stress noch nicht enthalten. Diese machen die Bilanz für den Untrainierten noch viel schlechter. Und ein gewaltiger Einspareffekt für das trainierte Herz kommt noch hinzu: Eine Herzfrequenzabnahme von 10 Schlägen pro Minute bringt eine Sauerstoffeinsparung von etwa 15 Prozent!

Ein sehr wichtiger Punkt außerdem: Durch Ausdauertraining wird die Gesamtzahl und Länge der feinen und feinsten Blutgefäße (Kapillaren) deutlich erhöht. Das gesamte Blutversorgungsnetz wird dichter und die Sauerstoffversorgung verbessert. Auch auf den Blutdruck hat der Ausdauersport positive Auswirkungen. Das regelmäßige dosierte Training im Ausdauerbereich kann stressbedingte Gefäßverengungen beseitigen. Untersuchungen an Ausdauersportlern zeigen, dass Bluthochdruckerkrankungen in dieser Gruppe deutlich geringer sind.

Gesundheit macht Spaß.

Ist bereits eine arterielle Verschlusskrankheit vorhanden, kann entsprechend gesteuertes Training die Durchblutung verbessern. Dazu tragen folgende Wirkungen bei: Die Verformbarkeit der roten Blutkörperchen wird verbessert, das heißt, dass verengte Stellen im Gefäßsystem besser passiert werden können.
Außerdem werden vorhandene Blutgerinnsel schneller abgebaut und so die Neigung zu Thrombosen verringert. Im venösen Bereich kommt außerdem die Pumpwirkung der Muskulatur (Muskelpumpe) hinzu, die die Arbeit der Venen wirkungsvoll unterstützt.

Zuckerkrankheit

Speziell bei der erworbenen (in geringerem Maße bei der ererbten) Zuckerkrankheit kann durch regelmäßiges Ausdauertraining eine Verbesserung der Gesamtsituation erreicht werden. Durch das Training wird der Blutzucker verstärkt abgebaut, durch Verbrennung und besseren Einbau in die Körperzellen (Muskel und Leber). Bei bestehender Diabetes ist allerdings eine ständige und genaue Kontrolle des Blutzuckers nötig und ein entsprechend dosiertes Training.

Erhöhte Cholesterinwerte

Durch Skilanglauf und andere Ausdauersportarten wird die Gesamtsituation der Blutfettwerte verbessert. Zum einen wird das Gesamtcholesterin absinken. Beim Cholesterin kennt man verschiedene Stoffe. Die wichtigsten sind LDL (Low-Density-Lipoproteine), das so genannte »böse« Cholesterin, und HDL (High-Density-Lipoproteine), das »gute« Cholesterin.

Untersuchungen haben eindeutig gezeigt, dass durch regelmäßiges Ausdauertraining der Anteil an »gutem« Cholesterin HDL vergrößert wird. Wie stark die Gefährdung eines Menschen durch hohe Cholesterinwerte ist, hängt nicht nur vom absoluten Wert ab, sondern auch vom Verhältnis zwischen HDL und LDL. HDL wirkt nach medizinischen Erkenntnissen der Entstehung von Arteriosklerose (Arterienverkalkung) entgegen. Die durch Ausdauertraining hervorgerufene Verschiebung im Verhältnis der Lipoproteine hat somit eine vorbeugende Wirkung gegen Arteriosklerose, Herzinfarkt und Schlaganfall.

Die Auswirkungen des Ausdauersports auf das Blut

Auch das Blut wird vom Training beeinflusst. So ist bekannt, dass ein regelmäßig betriebener Ausdauersport den Anteil des eisenhaltigen Blutfarbstoffes (Hämoglobin) erhöht. Dieses Hämoglobin nimmt den Sauerstoff in der Lunge auf und transportiert ihn zu den Körperzellen.
Es liegt auf der Hand, dass damit die gesamte Sauerstoffversorgung des Körpers verbessert wird. Im Hochleistungssport zielt das regelwidrige Blutdoping auch auf eine Erhöhung der Hämoglobinwerte.

Atmung und Lunge

Ausdauertraining beeinflusst die Atmung in hohem Maße. Durch Bewegungsmangel geht meist auch die Fähigkeit verloren, optimal zu atmen. Das Laufen sorgt ganz automatisch für eine bessere Atmung und damit Lungenbelüftung sowie Gasaustausch. Außerdem werden die an der Atmung beteiligten Atemmuskeln,

wie das Zwerchfell und andere Muskeln, leistungsfähiger. Beim Waldlauf kann man ruhig von einer Sauerstoffdusche für den ganzen Körper sprechen. Die Wirkungen des Sauerstoffs auf das Gehirn wird jeder feststellen, der geistig abgespannt zum Langlauf geht.
Bei dieser Gelegenheit möchten wir noch ein Wort zum Rauchen sagen: Durch die Kohlenmonoxideinatmung wird die Sauerstoffaufnahme deutlich verschlechtert. Damit behindert der Raucher die optimale Sauerstoffversorgung des Körpers. Eine deutlich verminderte Belastbarkeit ist die Folge. Dazu kommen Nebenwirkungen wie erhöhtes Krebs- und Infarktrisiko.

Übergewicht

Was wird nicht alles veröffentlicht und produziert zum Thema Schlankheit. Die publizierten Produkte (Bücher, Zeitschriften) sind in den meisten Fällen wirkungslos, die produzierten Produkte (Schlankheitsmittel) nicht selten gesundheitsschädlich oder einfach wirkungslos.
Welche Qualen werden bei Hungerdiäten ausgestanden, um überflüssige Pfunde loszuwerden! Meist sind jedoch diese mühsam abgerungenen Speckpolster nach wenigen Wochen oder Monaten wieder vorhanden.
Die »schlanke Linie« ist das Traumziel vieler. Doch es sprechen nicht nur modische Gründe für ein optimales Körpergewicht. Ärzte haben festgestellt, dass 40 Prozent aller inneren Erkrankungen durch falsche Ernährung entstehen. Mit dem Übergewicht steigt auch die Bereitschaft für andere Erkrankungen: Herzinfarkt, Zuckerkrankheit, Schlaganfall, Nierensteine, Gallensteine, erhöhter Blutfettspiegel, Fettsucht und Gicht.
Die Regel ist denkbar einfach: Nimm täglich nur so viele Kalorien (Joule) zu dir, wie du tatsächlich brauchst!
Wer also nicht weniger essen will, muss sich mehr bewegen. Die vernünftigste und wirklich dauerhafte Abmagerungskur ist eine Reduzierung der Nahrungsmenge, gekoppelt mit mehr Bewegung.
Durch Bewegung in der kalten Winterluft wird den Kalorien kräftig »eingeheizt«. Beim Skilanglauf verbrennt der Organismus 700–1.500 Kalorien pro Stunde!
Ein weiterer wichtiger Punkt wird heute oft übersehen, der aber von Ärzten, die der Naturheilkunde nahe stehen, immer gepredigt wird: Wenigstens einmal am Tag soll der Mensch schwitzen!
Durch den Schweiß werden viele Stoffwechselschlacken ausgeschieden – der Körper wird entgiftet. So haben Wissenschaftler festgestellt, dass die Entgiftungstätigkeit der Leber durch regelmäßiges Schwitzen stark entlastet wird. Man hat beweisen können, dass bei Ausdauersportarten auch giftige Stoffe, die von Umweltbelastungen herrühren (z.B. das Blei der Autoabgase), durch vermehrte Schweißabsonderung wieder ausgeschieden werden. Allerdings ist »aktives Schwitzen« (durch Sport) dazu viel besser geeignet als das »passive Schwitzen« in der Sauna.

Der Bewegungsapparat

Keine Breitensportart trainiert den Körper besser, als der Skilanglauf. 90 Prozent der Muskulatur wird beansprucht und trainiert – von den Fingerspitzen bis zu den Zehen. Aber durch Ausdauertraining wird auch die Neubildung der Gelenkknorpel angeregt. Bänder und Sehnen werden außerdem gefestigt.

Eine Wohltat für Körper und Psyche.

Ausdauertraining und das hormonelle System

Ausdauertraining beeinflusst nicht nur die bereits besprochenen Bereiche wie Herz-Kreislauf-System und Bewegungsapparat sondern auch das hormonelle System des Körpers.

Zu den wichtigsten Hormonen, die vom Ausdauertraining tangiert werden, zählen Hypophysen-, Schilddrüsen-, Bauchspeicheldrüsen-, Nebennieren-, Eierstock- und Hodenhormone. Diese Hormone spielen in der gesamten Steuerung und Regelung des menschlichen Organismus eine enorm wichtige Rolle.

Vereinfacht kann man sagen, dass Ausdauertraining einen günstigen Einfluss auf die Hormonproduktion und Steuerung hat. Als Beispiel kann man die Stresshormone Adrenalin und Noradrenalin nennen. Ausdauertraining bewirkt bei Stressbelastungen eine ausgeglichene Reaktion des Nervensystems.

Skilanglauf im Alter

Diesem Kapitel sei der bekannte Satz des Sportwissenschaftlers Wildor Hollmann vorangestellt: »Durch geeignetes körperliches Training gelingt es, 20 Jahre lang 40 Jahre alt zu bleiben«.

Die Bedeutung dieser Aussage wird uns erst richtig bewusst, wenn wir uns die Realität ansehen. Wenn noch niemand an das Alter denkt, ab dem 30. Lebensjahr nämlich, beginnt bereits die Ausdauerleistungsfähigkeit und Trainierbarkeit der Skelettmuskulatur abzufallen. Mit 60 Jahren haben beide Parameter rund ein Drittel der ursprünglichen Leistungsfähigkeit eingebüßt. Bänder und Sehnen verlieren an Dehnbarkeit und Elastizität. Die Risiken einer Herz-Kreislauf-Erkrankung nehmen zu. Salopp formuliert: Es geht bergab!

Aber und das ist der springende Punkt und die Grundaussage von Hollmann: Durch Training können Sie den Alterungsprozess verlangsamen. Und wenn wir uns im Freundes- und Bekanntenkreis umsehen (viele Läufer und Ausdauersportler), haben wir eine ganze Reihe von lebenden Beispielen, die diese Aussage bestätigen. 60-Jährige, die in Vitalität und Leistungsfähigkeit spielend mit wesentlich Jüngeren mithalten können.

Wenn wir uns die biologischen Gesetzmäßigkeiten anschauen, kann die Wahl der Sportart nur im Ausdauerbereich liegen. Und dort im aeroben Bereich. Was heißt das? Beim Training im aeroben Bereich hält sich die Sauerstoffaufnahme und der Sauerstoffverbrauch die Waage. Wir kommen nicht »außer Atem«.

Sportarten mit einem hohen Anteil an Schnellkraft, Maximalbelastungen und Pressatmung sind ungeeignet. In diesem Bereich gehören alle Sportarten, die Sprints, schnelles Antreten und Abbremsen und Maximalkraft verlangen. Das Verletzungsrisiko steigt überproportional an und der Trainingseffekt beim Herz-Kreislauf-System ist äußerst gering.

Jeder, der mit dem Sport beginnen will und älter als 35 Jahre ist, sollte vorher eine gründliche sportärztliche Untersuchung absolvieren.

Geeignete Sportarten sind Skilanglauf, Nordic Walking, Nordic Blading, Laufen, Bergwandern, Radfahren und Schwimmen.

PRAXISTIPP

Die Skilanglauf-Saison ist in unserer Klimazone relativ kurz. Sie sollten sich deshalb ernsthaft überlegen, welches Ausdauertraining Sie in der schneelosen Jahreszeit betreiben können, und welche Sportart Ihnen am meisten Spaß macht.

Skilanglauf und Psyche

Die Zahl der Menschen, die in den Ländern der westlichen Zivilisation hungern, frieren oder andere Not leiden müssen, ist gering. Wir leben mit einem Standard, von dem die Menschen vor mehreren Generationen nicht einmal träumten. Doch der materielle Wohlstand fordert seinen Preis durch einen enormen Leistungsdruck, Zeitstress und Hetze, aber auch durch Langeweile, Überdruss und Depression. Dazu kommen Bewegungsmangel und falsche Ernährung.

Das moderne Leben bringt zwar eine Unzahl von körperlichen Bequemlichkeiten, aber auch eine bisher nicht gekannte Belastung für die Psyche. Der moderne Mensch hat verlernt, auf seinen Körper zu hören und Störungen im Organismus sollen durch das »Einwerfen« eines Mittels möglichst schnell behoben werden. Tabletten zur Verbesserung der Verdauung, zum besseren Schlaf, für unzählige, vermeintliche Mängel. Gesundheit zum Einwerfen, wie in einen Automaten.

So funktioniert aber unser Körper nicht. Dieses Wunderwerk an Steuerung und Regelung kann oft über Jahrzehnte den Betrieb ohne Störungen aufrecht erhalten. Aber eines Tages versucht er durch mehr oder weniger häufige »Warnstreiks« den Menschen zur Vernunft zu bringen. Wir müssen stärker auf die Bedürfnisse unseres Körpers achten, damit er in einer Welt des Verstandes nicht total verkümmert, mit allen negativen Folgen. Ein Hauptfaktor für zahlreiche Krankheiten ist der übermächtige Stress unserer Tage.

Aber was ist Stress? Wir wollen mit wenigen Sätzen darauf eingehen: Die riesige Freude über ein besonderes Ereignis ist auch Stress, aber der so genannte »Eustress«. Krank machend auf die Dauer ist der negative »Disstress«. Der berühmte Stress-Forscher Hans Selye sagt: »Nur der Disstress ist jedermanns Feind. Vor ihm allein müssen wir uns hüten«. Dauerhafte seelische und psychische Belastungen führen zu deutlichen Symptomen von Disstress. Auf der körperlichen Ebene sind das Verspannungen, Rückenschmerzen, Kopfschmerzen, Verdauungsprobleme, nervöses Schwitzen, erhöhter Blutdruck und mehr. Auf der emotionalen Ebene zeigt sich Disstress durch Nervosität, Angst, Ungeduld und Erschöpfung.

Auf der geistigen Ebene weisen Überdruss, verminderte Schaffenskraft und geistige Erschöpfung auf eine deutliche Überforderung hin. Und schließlich zeigt sich auf der Verhaltensebene eine Überlastung durch Aggressivität, Zigarettenkonsum und übermäßiges Essen und Trinken. Zwischen diesen Symptomen gibt es auch eine Wechselwirkung: Körperliche Störungen führen zu psychischen Störungen und umgekehrt.

Am deutlichsten tritt das Stressgeschehen beim vegetativen Nervensystem zutage. Dieses System regelt alle Körpervorgänge, die nicht dem Willen des Menschen unterworfen sind: Herzschlag, Spannung der Blutgefäßwand, Arbeit des Darms, Arbeit des Magens. Stressgeplagte erhalten die meist nicht ernst genug genommene Diagnose »Vegetative Dystonie«.

Regelmäßiges Ausdauertraining hat einen großen Einfluss auf die Psyche. Beim Skilanglauf kommt neben der Bewegung noch das einmalige Naturerlebnis der winterlichen Landschaft hinzu.

Ausdauertraining kann:

- das seelische Befinden positiv verändern
- die Vitalität und Leistungsfähigkeit verbessern
- zur Stressbewältigung einen wertvollen Beitrag leisten

Überlastungsschäden am Bewegungsapparat

Skilanglauf ist eine äußerst verletzungsarme und gelenkschonende Sportart. Durch die gleitende Fortbewegung treten keine Stöße auf, die vom Bewegungsapparat abgefangen werden müssen. Ein idealer

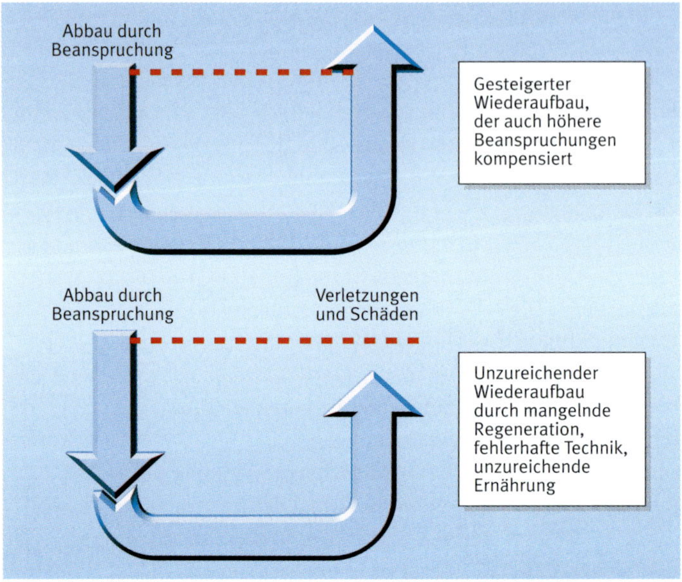

Rechte Seite: Die Ernährungspyramide.

Links: Beanspruchung und Erholung müssen sich die Waage halten.

Sport, der leider nur über einen kurzen Zeitraum des Jahres ausgeübt werden kann. Aber diese kurze Zeitspanne sollte intensiv genutzt werden.

Essen und Trinken

Was wird in den Medien nicht alles ausgebreitet zum Thema »richtige« Ernährung. Man müsste meinen, dass auf Grund dieser Informationsflut die Menschen in den Industrienationen besonders gut ernährt sind. Weit gefehlt! Wir leben zwar in einem Überfluss an Nahrungsmitteln, aber die Qualität dessen, was ein Großteil unserer Zeitgenossen an Nahrungsmittel und Getränken zu sich nimmt, ist schlichtweg katastrophal. Was z.B. Limonade und viele koffeinhaltige Getränke an Mengen von Industriezucker aufweisen, spottet jeder Beschreibung. Und was Sportler auf die Schnelle »einwerfen« an synthetischen Vitaminen und sonstigen Fitmachern, ist nur »gesund« für den Umsatz der Hersteller. Im günstigsten Fall ist diese so genannte Zusatzernährung wirkungslos, und im schlimmsten Fall macht sie krank.

Wie diese ersten Zeilen unschwer erkennen lassen, möchten wir allen Sportlern »den Zahn ziehen« daran zu glauben, dass Ernährungsfehler durch irgendwelche synthetischen Zusatzstoffe ausgeglichen werden können.

Selbst unter Ernährungswissenschaftlern gehen die Meinungen über die »richtige« Ernährung weit auseinander. Wie soll denn nun der arme »Otto Normalverbraucher« herausfinden, was richtig und was falsch ist?

Es gibt keine richtige Ernährung, sondern nur eine, die für mich und meine ganz individuellen Bedürfnisse richtig ist. Und das ist der Knackpunkt dieses Themas. Herauszufinden, was für mich optimal ist, bedeutet, dass ich mich schon ein wenig mit diesem Bereich auseinandersetzen muss. Ich muss schon selbst ermitteln, was für meinen Körper zuträglich ist und was nicht.

Tausende von Zusatzstoffen in unseren Nahrungsmitteln machen den Organismus immer empfindlicher und so genannte Nahrungsmittelunverträglichkeiten nehmen sprunghaft zu. Dass z.B. Allergien und Hautkrankheiten explosionsartige Zuwächse annehmen, hat einfach auch mit den Zusatzstoffen in unseren Nahrungsmitteln zu tun. Das wird zwar vehement bestritten, aber gerade bei Kindern, die häufiger als Erwachsene zu Süßigkeiten, Schokoriegeln oder zuckerhaltigen Getränken und Limonaden greifen, ist ein Trend zu Nahrungsmittelunverträglichkeiten zu beobachten, der Ärzte und Wissenschaftler ziemlich ratlos macht.

Ein sehr interessanter Ansatzpunkt für eine individuelle Ernährung kommt von dem amerikanischen Arzt Dr. Peter D'Adamo. Dieser führt die unterschiedlichsten Nahrungsmittelverträglichkeiten auf die jeweilige Blutgruppe des Menschen zurück und begründet das auch verständlich. Literatur, die zu empfehlen ist! Um Sie aber mit diesen Anmerkungen nicht »im Regen stehen zu lassen«, werden wir versuchen, einige wichtige Punkte zusammenzufassen, um Ihnen damit eine kleine Richtschnur zu geben.

Stufe 1: Unveränderte Lebensmittel = besonders empfehlenswert

- rohes Gemüse
- rohes Obst
- kaltgepresste Öle
- Samen, Nüsse, Oliven
- nicht erhitzte Milch
- Quellwasser oder kontrolliertes Mineralwasser
- Gartenkräuter, Wildkräuter

Stufe 2: Bearbeitete Lebensmittel = sehr empfehlenswert

- Getreideflocken mit Keim
- rohes zerkleinertes Gemüse (z.B. auch Sauerkraut)
- zerkleinertes frisches Obst, frische Obstsäfte
- Trockenobst (ungeschwefelt)
- Landbutter
- kaltgepresste unraffinierte Öle
- frisch geriebene Nüsse, Samen
- Dickmilch, Sauermilch, Joghurt, Kefir, süße und saure Sahne
- Rohmilchkäse
- Quark, Molke
- Kräuter- und Früchtetees
- Kaltgeschleuderter Honig

Stufe 3: Temperaturbehandelte Lebensmittel = empfehlenswert

- erhitzte und gebackene Getreidespeisen (Brot, Kuchen, Zwieback, Teigwaren u.s.w.)
- erhitztes Gemüse
- tiefgefrorenes Gemüse
- erhitztes Obst (Kompott)
- Milchprodukte aus pasteurisierter Milch
- erhitztes Fleisch und Fisch
- erhitzte Eier
- Malztee, Malzkaffee, Kakao (ungezuckert)
- Meersalz
- Apfel- und Birnendicksaft
- Obst- und Weinessig

Die Lebensmittelqualität

Zwischen der Bearbeitung der Lebensmittel und der Lebensmittelqualität besteht ein enger Zusammenhang. Je stärker die Bearbeitung ist, umso schlechter ist die Qualität der Lebensmittel. Bei jedem Bearbeitungsvorgang, z. B. durch Zerkleinern, Erhitzen, Konservieren, Extrahieren, gehen Inhaltsstoffe verloren, die der menschliche Körper benötigt. Wissenschaftler gehen davon aus, dass eine ganze Reihe von wichtigen Stoffen die unser Körper braucht, heute überhaupt noch nicht bekannt ist, deren Bedarf aber nur mit möglichst naturbelassener Nahrung gedeckt werden kann.

Die Ernährungswissenschaft spricht von fünf Stufen der Lebensmittelqualität. Die Stufen der Reihe nach: Stufe 1 ist die beste Qualität und Stufe 5 die schlechteste. Zu dieser Abstufung kommt noch die biologische Wertigkeit hinzu. Im Idealfall sollten Sie zu Lebensmitteln in biologisch hochwertiger Qualität – ohne Genmanipulation greifen.

Stufe 4: Verarbeitete Lebensmittel = weniger empfehlenswert

- polierter Reis
- ausgemahlenes Mehl (Weizen 405–1200, Roggen 610–1370)
- Cornflakes und andere Frühstücksflocken
- Brot und andere Backwaren aus oben genannten Mehltypen
- Gemüsekonserven
- veränderte Sojaprodukte (Sojafleisch)
- Obstkonserven
- Fruchtnektare, Fruchtsaftgetränke
- handelsübliche Margarine
- Brat- und Backfette
- H-Milch, Milchpulver, Kondensmilch, Schmelzkäse, Käsekonserven
- Wurstwaren, Fleischkonserven, Fischkonserven
- Ei-Pulver
- Bohnenkaffee, schwarzer Tee
- Kochsalz
- Sojasauce
- erhitzter Honig, Sirup, Melasse

Stufe 5: Fertigprodukte, isolierte Lebensmittelsubstanzen = nicht empfehlenswert, nach Möglichkeit vermeiden!

- isolierte Zucker, Zuckeraustauschstoffe
- isolierte Ballaststoffe
- isoliertes Protein
- isolierte Vitamine
- Schlankheitspräparate mit Quellwirkung
- Getreide- und Energieriegel für Sportler
- isoliertes Lecithin
- isolierte Aromastoffe
- mehrmals erhitzte Fette (beim Frittieren, Braten)
- Nuß-Nougat-Erzeugnisse (mit isoliertem Zucker)
- Milchzucker
- Sterilmilch
- Speiseeis mit isoliertem Zucker und künstlichen Aroma- und Geschmacksstoffen
- Limonaden und koffeinhaltige Getränke, Elektrolyt-Drinks!!, Instant-Getränke
- Fertigsaucen, Essigessenz
- isolierter Zucker, Traubenzucker, Süßstoffe, Süßwaren

(Nach Worm/Schröder, Die Ausdauer-Vollwerternährung, Oberhaching 1987.)

Wenn man die Prinzipien der Vollwert-Ernährung zugrunde legt, sollte sich die Hälfte der Nahrung aus den Stufen 1 und 2 zusammensetzen, die andere Hälfte aus der Stufe 3.

Mineralstoffe, Spurenelemente und Vitamine

Mineralstoffe und Spurenelemente sind anorganische Substanzen. Vitamine sind organische Substanzen, die der Körper zur Aufrechterhaltung seiner Funktionen dringend benötigt. Da der Organismus diese Stoffe nicht selbst herstellen kann, ist eine regelmäßige Zufuhr von großer Bedeutung. Bei richtiger und ausgewogener Ernährung im Sinne einer Vollwertkost ist eine Zufuhr von synthetischen Vitaminen für den Hobbysportler nicht nötig.

Nährstoffpräparate

Folgt man den Regeln der Vollwerternährung, sind die Nährstoffpräparate, die auf dem Markt sind und speziell für Sportler hergestellt werden, nicht empfehlenswert. Diese chemisch-technologisch hergestellten Präparate sind außerdem mit Konservierungs- und Stabilisierungsstoffen versehen. In der Einleitung zu diesem Kapitel haben wir bereits darauf hingewiesen, dass es etwas mehr Mühe macht, auf eine qualitativ hochwertige Ernährung zu achten, aber dass sich diese Mehrarbeit mehr als lohnt.

Nährstoffaufnahme

Viel zu wenig wird bei den ganzen Diskussionen über Vitamine und Mineralien beachtet, dass ganz entscheidend ist, was der Körper überhaupt aufnehmen kann. Im günstigsten Fall wird ein Zuviel über die Ausscheidungsorgane wieder entsorgt und im schlimmsten Fall kommt es zu regelrechten Vitamin- und Mineralvergiftungen.

Viel zu wenig sind die Erfahrungen der klassischen Naturheilkunde bekannt, die sich auf Störungen des Magen-Darm-Traktes beziehen. So können anhaltende Rückenschmerzen auf eben diese Störungen zurückzuführen sein. Und es nützt herzlich wenig, auf Vitamin- und Mineralstoffpräparate zurückzugreifen, wenn ein gestörter Darm überhaupt nicht in der Lage ist, selbst über die Nahrung natürlich zugeführte Substanzen aufzunehmen.

Übertriebener sportlicher Ehrgeiz soll uns nicht dazu verführen, das »Gesundmachende« des Sports durch Einnahme von Präparaten wieder zunichte zu machen.

Schwitzen und Trinken

Wasser ist das »Lebensmittel Nummer eins«. Der Körper besteht zu etwa 60 Prozent aus Wasser, das sich hauptsächlich in den Zellen, zwischen den Zellen und im Blutgefäßsystem befindet. Bei Wasserverlust gehen auch immer Mineralstoffe verloren.

Das »Richtige« zu trinken, ist von allergrößter Bedeutung für den Ausdauersportler. Zunächst ist ein gutes Mineralwasser enorm wichtig, denn es enthält bereits eine Menge an Mineralien und Spurenelementen. Der tägliche Wasserbedarf eines Menschen liegt bei 2,5–3,5 Liter. Etwa einen Liter nehmen wir mit fester Nahrung zu uns. Es bleiben also 1,5–2,5 Liter, die man zu sich nehmen muss – bei großen Schweißverlusten mehr.

Bei längerem Training auch zwischendurch trinken!

Trotz niedriger Außentemperaturen ist der Schweißverlust beim Skilanglauf sehr hoch. Grund dafür ist der Einsatz großer Muskelmassen. Wie bereits erwähnt ist bis zu 90 Prozent der Körpermuskulatur beteiligt, wesentlich mehr als beim Laufen oder Radfahren. Durch die Außentemperatur ist das Durstgefühl nicht so groß, aber spätestens zu Hause muss der Flüssigkeitsverlust wieder ausgeglichen werden.

PRAXISTIPP

Kräutertee kann mit Zitronensaft und »Kristallsalz« zu einem wirkungsvollen selbst gemixten Elektrolytgetränk werden.

A

Abdruck 26, 28, 58
Abdruckkraft 52
Abdruckphase 59
Abfahren 41, 44, 72
Abfahrtsstellung 41
Abmagerungskur 114
Abstoßhaftung 59
Abstoßski 87
Allergien 120
Alter 116
Ansteigen 72
Anstieg 40, 44, 62
Armarbeit 21
Arm-/Beinkoordination 21
Armmuskulatur 30, 31
Armschwung 20
Arterienverkalkung 110
Arteriosklerose 113
Arthrose 110
Atmung 113
Aufstehen 42
Ausdauerleistung 116
Ausdauersport 112

B

Belagsmaterial 16
Beidseitigkeit 88
Beinabdruck 28,
Beinarbeit 20
Beinschwung 20
Bereich, aerober 116
Beweglichkeit 105
Bewegungsapparat 114
Bewegungsmangel 110
Bindungsmodelle 52
Blutfarbstoff 113
Blutfetterhöhung 110
Blutfettwerte 113
Bluthochdruck 110
Blutgefäße 112
Bogenlaufen 38
Bogentreten 38, 71, 79
Bügeleisen 56, 77

C

Cruising 11

D

Dehnmethode 104
Depression 116
Diagonalschlittschuhschritt 89
Diagonalschritt 20, 24, 28, 30, 58, 64, 94, 95
Diagonalschritt, Grundform 33
Disstress 117
Doppelstockschub 21, 34, 35, 36, 66, 73
Doppelstockschub mit Zwischenschritt 68
Druckpunktnehmen 59
Dystonie, vegetative 117

E

Eins-eins-Schlittschuhschritt 82
Eins-eins 82
Eins-zwei-Schlittschuhschritt 84
Eins-zwei 84
Ellbogenschützer 96
Entmüdungsbad 107
Ernährung 114
Essen 118
Eustress 117

F

Fallen 42
Fitness-Skater 74
Führungsarmski 87
Führungsarmstock 86
Funktions-Unterwäsche 13

G

Gehen 24
Gefäßverengungen 112
Gelenkknorpel 114
Gelenkverschleiß 104
Gesamtcholesterin 113
Gewichtsklassen 50
Gewichtsverlagerung 86
Gleichgewicht 20, 79
Gleichgewichtsgefühl 22, 26, 30, 31, 61
Gleichgewichtsübungen 22
Gleichgewichtsverlagerung 30
Gleitbein 23, 31
Gleiten 24, 26, 30
Gleitmittel 17
Gleitphase 23, 80
Gleitwachs 54
Gleitzone 55
Grätenschritt 40, 72
Gymnastik 104, 105

H

Haftwachszone 54
Halbschlittschuhschritt 78
Hartwachs 55
Handführung 37
Handschlaufe 12, 30, 32
Hautkrankheiten 120
Hämoglobin 113
Herzerkrankung 110
Herzfrequenzabnahme 112
Herzinfarktrisiko 111
Herz-Kreislauf-Erkrankung 110, 116
Hetze 116
Hocke 41
Hormone 115
Hormonproduktion 115

I

Inlineskaten 96
Inlineskates 96

K

Kinder 44
Kleidung 53
Klister 56
Knieschoner 96
Körpergewicht 50
Körperschwerpunkt 31, 59, 61
Körpertemperatur 15
Koordinationsvermögen 50, 58
Kraftausdauer 102
Krafttraining 101
Kunstfaser-Unterwäsche 15
Kurven 38

L

Langlauf-Ausrüstung 11, 46
Langlauf-Handschuhe 15
Langlauf-Kleidung 13
Langlaufkurs 11
Langlaufloipen 8
Langlaufski 8, 50
Langlaufspur 17
Langlauftechnik 22, 26
Laufen 98
Laufsohle 17
Lebensmittelqualität 121
Leistungsdruck 116
Loipe 19
Loipenpräparierung 11

M

Merino-Wolle 15
Mineralstoffe 122
Mütze 15
Muskelpumpe 113
Muskelspannung 106

N

Nährstoffaufnahme 122
Nährstoffpräparate 122
Nervensystem 115
Nervensystem, vegetatives 117
Nordic Blading 96
Nordic Cruising 11, 12, 26, 47
Nordic Fitness 90
Nordic Touring 47, 48
Nordic Walking 9, 92, 94
Nowax-Belag 11, 24,

O

Oberkörpermuskulatur 30, 62
Osteoporose 111

P

Papierstreifenmethode 50
Papierstreifentest 52
Passgang 33
Pflugtechnik 41
Psyche 116

R

Racingkategorie 50
Radfahren 98
Regeneration 106
Regeneration, aktive 106
Regeneration, passive 107
Risikofaktor 110
Rollerfahren 30
Rollski 96
Rucksack 48
Rückenmuskulatur 34, 36

S

Sauerstoff 114
Sauerstoffaufnahme 114
Sauerstoffversorgung 112, 114
Saunabesuch 107
Schlaganfall 110
Schleifpapier 55, 56
Schlittschuhschritt 39, 80
Schlittschuhschritt, asymmetrischer 86
Schlittschuhschritt ohne Stockeinsatz 80
Schrittsprünge 63, 93, 95
Schuhsysteme 12
Schwimmen 98, 101
Schwitzen 114
Schwitzen, aktiv 114
Schwitzen, passiv 114
Seitenwechsel 88
Sitzhaltung 37
Skatingausrüstung 74
Skatingbewegung 81
Skatingski 76
Skatingschuhe 77
Skatingstöcke 76
Skatingtechnik 74, 79, 90
Skating-Übungen 84
Skiführung 28
Skigang 92, 95
Skihärte 50
Skilanglauf, klassisch 50
Skilängen 13
Skipflege 15
Skipräparation 77
Skireiniger 17
Skiwandern 11
Sportkategorie 50
Spurenelemente 122
Spurwechsel 71
Stahlkanten 47
Steighilfen 8

Stockarbeit 62
Stockeinsatz 28
Stockgriff 62
Stocklänge 32, 36, 53
Stockschlaufe 12
Stöcke 12, 53
Stress 106, 117
Stretching 104, 105
System, hormonelles 115

T

Technik, freie 74
Technik, klassische 74
Technikwechsel 66
Thrombosen 113
Touring-Ski 47
Training 98
Trainingsgeräte 102
Trainingspensum 106
Trainingsprogramm 107
Trainingsprogramm, Sommer 109
Trainingsprogramm, Winter 108
Treppenschritt 40
Trinken 118, 122
Trockenübung 61, 69

U

Übergewicht 110
Überlastungsschäden 117
Übertraining 106
Umtreten 19, 38
Unterwäsche 13

V

Vitamine 122

W

Wachsen 54
Wechselbäder 107
Wechselduschen 107
Wettkämpfe 9
Wind 15
Windjacke 48
Wirbelsäulenerkrankung 110
Wollunterwäsche 15

Z

Zeitstress 166
Zuckerkrankheit 110, 113
Zusatzernährung 118
Zusatzstoffe 199

Know-how für Ihr Ausdauertraining

Deutscher Verband für das Skilehrwesen e.V. / Interski Deutschland (Hrsg.)
Ski-Lehrplan Basic
Der Skilehrer als Experte für Unterrichtsorganisation, Technikdemonstration, abwechslungsreiche Unterrichtsgestaltung und Schülermotivation; die Grundlagen der Unterrichtspraxis.
ISBN 3-405-16214-9

BLV Sportpraxis Top
Katja Kuhn / Stephan Nüsser / Dr. Petra Platen / Ramin Vafa
Richtig Ausdauertraining
Grundlagen, Ausdauer-Checks zur Beurteilung des Trainingszustands; Trainingsmethodik, Ausdauertraining für einzelne Zielgruppen und für verschiedene Sportarten.
ISBN 3-405-16732-9

Michael Hahn
Schwimmen
Grundlagen, Ausrüstung, Techniken und Lernweg; Brust-, Kraul-, Rücken- und Schmetterlingschwimmen; Startsprünge, Wenden, Lagenschwimmen; Training im Wasser und an Land, richtiges Schwimmen für die Gesundheit.
ISBN 3-405-16684-5

BLV Sportpraxis Top
Peter Konopka
Richtig Sporternährung
Speziell für Freizeit- und Gesundheitssportler: Grundlagen der Sporternährung und ihre Umsetzung in die Praxis, Leistungsförderung durch Ernährung, Wettkampfvorbereitung.
ISBN 3-405-16465-6

Petra Regelin / Petra Mommert-Jauch
Nordic Walking – aber richtig!
Wirkung auf Körper und Psyche, Ausrüstung, die richtige Technik durch Körperwahrnehmung; das Training für die Gesundheit, zur Gewichtsreduktion, Leistungssteigerung, Entspannung und bei körperlichen Einschränkungen.
ISBN 3-405-16720-5

BLV Sportpraxis Top
Franz Wöllzenmüller
Richtig Laufen
Alle wichtigen Aspekte rund ums Laufen – mit Stretching, Krafttraining und Ernährung; detaillierte Laufprogramme für verschiedene Leistungsgruppen.
ISBN 3-405-16702-7